师道

李枝桃 —— 著

中国人民大学出版社

· 北京 ·

自序 • 我还能再做什么

自从拙作《师道》（繁体版）出版后，"有爱心、以校为家、尽心尽力、不屈不挠、有智慧"等对我的溢美之词频现，我仅微笑带过，告诉大家："教育非一人之功，要把教育地图拼好，缺任何一块拼图都不行。我仅是让家长、老师、社会大众、学生等这些拼图一一就位，当然也包含我这一小块。"

2000年我奉派接掌宏仁中学，当时的它的确是一所为人诟病的学校，朋友说我运气糟透了，我却想到了我的女儿，她在小学时曾拿着最后一名的成绩单，乐观地告诉我："妈妈，你知道要维持最后一名多不容易吗？因为一不小心就会赢过他人哪！"我没责骂、嘲弄她，只是陪伴与教导她，让她一步一个脚印，踏踏实实地学。女儿的书桌玻璃垫下面放了一张纸条，她写着："看谁能笑到最后！"2000年她考上成绩最佳的女子中学，她的小学老师惊讶地说了一句："怎么可能？"我说："孩子有无限可能呢！"

是的，孩子有无限可能。我从事教育，一直秉持这样的信念，因为我来自一个偏僻、穷困的乡下，我看到一穷二白的同学借助教育从社会底层往上层流动，当时曾经有一名初中老师嘲笑我们将来能做什么！毕业三十几年后，我办了一场同学会，请那位老师来参加。"这是许总裁，那是颜法官，这是研究所杨所长，那是陈工程师……"在我的一一介绍下，老师因惊讶而嘴巴张大了，眼睛也瞪大了，结巴地说："你……你……你们，这……这……这些乡下孩子……"我笑着接下他的话："能做什么？"

"能做什么？"既是我惦记的嘲弄话，又是我每天问自己的话。遇到困难时，我不断问自己"我能做什么"，试图找出问题的答案；达到一点目标时，我还是会继续问"我还能做什么"，除了期盼能更精进外，也要求自己不能自满。

在这样一遍一遍地问自己、问苍天、问朋友的情况下，问题被一道道地解开了。当年嘲笑我的人转而羡慕地说我运气好，被派到这所为人诟病的学校，只要有一点点好的表现就能被看到。

是啊！我运气真好，曾经有一名老师自豪地说他可以影响一个班级的35名学生，而我说："幸运地，我当了校长，只要我可以影响10名老师，便能影响350名学生。"

我真的非常幸运，不只宏仁中学的老师都愿意帮忙，家长及社区民众甚或企业界的朋友也都愿意帮我忙，经过六年的奋战，我们把宏仁中学从谷底拉起来了！

"同志"是我与家长们共同的称谓，在一声声"同志，我们能做什么？""同志，我们还能做什么？"的问话中，情感的相互支持变成最大的资产，团结的力量成为宏仁中学最坚固的地基。我知道这所学校将不会因为我的离去而崩解，我更知道宏仁中学的故事，将不只是地方的骄傲而已，它更是教育最美的传说。

一个由外婆养大的宏仁的孩子，在宏仁老师的教导下，考上台中第一高级中学。在毕业典礼上他意气风发地对学弟学妹们说："闽南语有一句话叫'落土三分命'，我告诉你们这是错的。我站在这里，就是一个证明，证明命运是要靠自己创造的。"

三年后他告诉我，因看到一起街头打架事件，那些孩子血气方刚、握拳咒骂的模样让他醒悟：曾经他也是这样的孩子，是谁改变了他？那一夜他失眠了，想到老师扳开他紧握的拳头牵着他进教室的一幕、老师借口要他到学校陪老师读书准备考研究所却不眠不休地帮他补课的一夜夜、老师被傲慢无礼的他呛骂啰唆死了的情景……即便如此，老师都没放弃他。

"原来不是我改变了未来，创造了命运，而是老师啊！"那孩子眼睛发亮，他最后决定读师范大学，因为他要当一名能改变孩子命运、创造孩子未来的好老师。

孩子的回应与改变除了是我们教育人员最大的收获外，更是社会、国家最大的资产。听闻中国人民大学出版社和北京源创教育研究院合作出版拙作，我真是高兴极了。我的故事也许不是最动人的，我的作为也许不是最好的范例，我的付出也许不是最多的，但我希望能让更多在教育现场，有点心力交瘁的老师们知道：您并不孤单，海峡彼岸也有人依然坚持奋战到底；我更希望让各行各业的人知道：在教育现场有许多像我一样的老师，正在为每一个孩子而努力。也许我们累了，但我们仍打起精神继续问："我还能再做什么？"

您呢？亲爱的读者，您能为教育做些什么？

Contents

目　录

第一章　冒险旅程的开始

冒险旅程的开始

县长把证书颁发给我时，是我的错觉吗？我看到他的手似乎有些颤抖，不是该说恭喜吗？但县长只低沉地说了句："把活力带进那所学校。"

在校长的工作岗位上服务多年，我心里始终无法忘记的，却是第一次从县长手上接过证书的那一幕。

本该是欢欢喜喜、充满期待的，却是乌云罩顶、山雨欲来的阴晦。

那是南投县政府举办的共同交接典礼，由县长亲自颁发证书给新任校长，那可是我教职生涯的新起点。当司仪喊到我时，我轻松愉快地向前，站在县长面前，给了他一个微笑。

可面前的县长稍稍垂着眼眉，一脸愧疚。

把证书颁发给我时，是我的错觉吗？我看到他的手似乎有些颤抖，不是该说恭喜吗？但县长只低沉地说了句："把活力带进那所学校。"

我微笑地接过，但一转身，就看到教育局局长一脸凝重地看着我，台下的人也都直愣愣地盯着我。

我赶紧收起笑容。心想，这些人是怎么了？

一回座位，到场观礼的好友云，立刻咬牙低声说："你知道吗？刚刚台下的人都在窃窃私语，还有人说：'要看看李枝桃去那所学校会怎么死！'"

云握着我的手，紧紧捏着。

力道强劲，我知道她真的为我忧心。

❀ 分发，跌破众人眼镜

这个分发结果的确是有些不符合潜规则。

通常菜鸟校长都是往偏远处分发，因为偏远小学校，人少好管理，等到磨炼个几年，再往都会区的大学校调动。

所以我一考上校长，等待分发时，身边的亲朋好友就纷纷劝我该买一部四轮传动的越野车。我这菜鸟不是要被分发到最远的信义乡同富中学，就是接近清境农场的仁爱中学，还有人要我有心理准备，也有可能是日月潭边的明潭中学。山路崎岖，当然越野车最好。

其实我不怕远，更不怕偏僻。在各种揣测中，我倒是最希望被安插在明潭中学，那是要经常接待贵宾的学校，很适合我的个性。

尤其风光明媚，我告诉学校的好姊妹，若在那湖光山色、美不胜收的学校，"你们随时来，我都会招待你们去划船"。

我甚至开始想象在氤氲水气的湖边散步，迎接学生进入学校，叫唤每个孩子的名字，与他们问早的情形。孩子一定很兴奋地说："校长叫得出我的名字耶！"是啊！在那只有四十几名学生的学校，我当然叫得出每一个孩子的名字。

另外，我特讨厌制式的传统制服，所以我一定要设计一套活泼、有型的制服，让我的孩子们一站出去就让人家夸赞："受日月潭美景熏陶，孩子果然特别美。"

朋友笑我想太多："你要改制服，家长要花钱，会被抗议的。"

我笑着说："才四十几人，我就送吧！"想想我在外头可以大声说："我送给全校每一个孩子一套制服，多吓人哪！哈哈！"

我对小学校的美梦与规划都让我满意极了。刚退休的教育局局长是我中学时的校长，他也觉得我会被分发到明潭中学，还说届时要来找我游湖。

我拍胸脯，保证没问题。

❀ "你不知道你妹妹的能力！"

美梦才没做多久，在县政府担任课长的大姊在名单公布前得到了消息。

她说教育局呈上的校长分发名单，被县长大笔一挥更改，批示我要到宏仁中学。大姊一听是宏仁中学，心急如焚，立刻去拜托县长，让我带六个班级的小学校。

她说："李枝桃初任校长，怎好到中型学校？何况大家都知道那所学校状况不断，不好带呀！"

没想到，县长劈头就回绝了："你不知道你妹妹的能力！"

我所有山巅、湖边的美好规划都破灭了，第一时间，当然有点失落，但是县长的这句话唤起了我的虚荣心。

我安慰姊姊："士兵没有选择战场的权利。既然要当校长，就不要选学校。"

大姊没再说话，但叹气叹个不停。

就像此刻我身边的云一般。

"哎呀！别为我担忧。"我告诉云，"县长颁发给我的聘书就像一张藏宝图，我准备出发去挖宝，挖宝的路途必然艰辛。有可能我可以满载而归，也有可能历经艰险坎坷却铩羽而归，但不管如何，我必然可以学到经验，帮助我在下一趟旅程中顺利挖到宝。"

"你是天不怕地不怕，还是无可救药地乐观？"云笑我。

不管是天不怕地不怕，或是无可救药地乐观，更或是一份受县长夸赞的虚荣心，我都要出发，来一趟冒险之旅。

我想到《失落的一角》那本绘本中，缺了一角的圆要出发去寻找失落的一角时歌唱着："我要去找失落的一角。"我也要歌唱着："我要去冒险啰！"

充满肃杀气氛的交接典礼

我看着不轻易求人的父亲，一向反对我进入教育界的父亲，他应气愤地说："走，回去了。当这啥玩意儿的校长，笑死人了。"但，父亲的反应，完全出乎我的意料。

"校长，我们还要等下去吗？"教育局前局长陈文彦先生是我中学时的校长，我一直称他为校长，他说他喜欢我这么称呼。

他铁青着脸，不讲话。瘦高的身躯站得笔直，汗水一直从他的鬓边冒出来。

我看得心疼，但我知道他是个固执的长者，他一定会坚持下去，所以我只能继续与他站在宏仁中学的停车场。

❋ 学不来的气势

之前邀请他陪我就任，参加我的就职典礼，他便叮咛我不可以早到，不要让人说我迫不及待要当校长。

"而且呀，你是新校长，不要自己走进会场，要让他们迎接你进去。"

上任前一天，他还一再叮咛我，要有校长的气势。他在说那些话时，还握紧拳头，嘴角上扬，眼镜后的眼睛瞪大了看我，只有152厘米高的我，也只好很用力地挺直背脊，很努力地摆出气势。

可是，此刻，我和他站在校门口，没人理我们，整个校园冷冷清清的。

八月的阳光把我的脸照得油光油光的。我多想跟他说，再站下去，不要说气势没了，人都要晕倒了呀！

"校长，我们还要等下去吗？"我小声地再问一次。

他转身没好气地说："注意气势。"

过了好一会儿，终于有一个人小跑步过来，问我是不是新任校长。

我点点头，并介绍我的校长："这是教育局前任局长。"

我的校长回应他的问好，并问了一句："你是主任吗？"

他摇头，说："是生教组组长。"

我的校长从鼻子里轻哼了一声。

我知道他一定觉得来迎接的人层级太低，非常不满意，但我只想避开艳阳，赶快到会场，所以根本不在乎谁来引导或迎接。

我想，我真的是学不来气势。

✿ "两军"交锋

一开会场的门，一阵寒气迎面扑来。哇！好肃杀的气氛哪！我的娘家、夫家兄弟姊妹及同事朋友们坐在一边，另一边是对方的人。两边都以凝重的表情，或看着地上，或无意识地看着前方。

我们一进入会场，大家鼓掌后才有一些声响，但那"嘶嘶嘶"的低语声，反倒是让人很不舒服的。

我心想：又不是两军交锋，需要这么凝重吗？

司仪介绍我后，请我帮忙介绍我这边的亲友。我大致把家人及朋友介绍了一下，然后告诉大家："我没有请高官、民意代表，我只想与我的至亲好友，一起分享这个重要的时刻，但今天最让我感动的是我服务的学校历任校长几乎都来参加，除了过世的两位、出车祸的一位……"

我说到这里，突然冲进来一个人，上气不接下气地高喊着："没来的不是死了，就是出车祸，还好我赶到了，好险哪！"

原来是第五任校长陈健锵先生。他的话让大家笑了开来，会场的气氛终于轻松了一些。

我轻呼了一口气。谢谢校长。

❀ 教室的玻璃都被打破了

中午宏仁中学的会长坚持要请客，欢迎大家到埔里玩。吃饭时分，以前的老同事对我挤眉弄眼。我拿着果汁过去敬他们，主计主任丽玲低语："我提早来替你打探虚实。这学校不好搞，四个主任都是'老'主任，一个比一个老哇！"

我笑丽玲穷紧张，"老臣才忠心哪"！

"可是我也先来帮你巡视一下校园，我觉得你会很辛苦。"跟着我多年的生教组组长达祥忧心地提到，他看到许多教室的玻璃被打破了。

"那么多破玻璃代表学生很坏，没处理，代表行政不积极。"他充分发挥在训导处工作追根究底及分析的精神。

"那好，这样我才有事做。你忘了，咱们学校也是在咱们手中改变的。当初，谁料得到学校能从谷底翻身，变成明星学校？"

我一说完，他虽点了点头，不再说下去，但看得出来他很为我担忧。

"哎呀！我们阿桃没问题的啦！又不是没见过大风大浪。"丽玲试图缓和气氛，整桌的人配合着附和，但看得出大家都在为我担忧。

唉！我的好伙伴。

❀ 我强忍哽咽

逐桌敬过后，来到父母亲及大姊那桌。大姊一张臭脸地提到，她陪爸妈提早到校，发现学校冷冷清清，既没指示牌，也没接待人员。办公室的人，低着头看电脑，对外面走动的人毫不以为意。

在县政府担任课长的大姊直接走到主计室，主计主任见到大姊有些惊吓："课长，你怎么来了？"

大姊一股气涌上来："你们新校长是我妹妹，要不是我爸妈要来，我才不来呢！这是你们新校长的爸妈，看要让他们坐哪里，可以安排一下吗？"原本就有一双慑人大眼的大姊，在说早上的情形时，眼睛更大了。

我知道她一方面觉得爸妈受到委屈，另一方面，气愤我要接的新学校如此不堪，可能有诸多不舍吧！

我愣住了，不晓得该如何安慰她。

父亲站了起来，把果汁倒满一整杯。"走，陪你去敬大家。"

父亲开始一桌桌地敬，一桌桌地请托。"小女第一回当校长，往后如果有做不好之处，请多担待。"

我跟在父亲身后，看着这个一向高傲、不轻易求人的父亲，一向反对我进入教育界的父亲，他应气愤地说："走，回去了。当这啥玩意儿的校长，笑死人了。"

但，这个从不轻易表露情感的父亲，竟为了我向别人鞠躬作揖，竟为了我一桌桌地请托。

我强忍哽咽。

"我亲爱的爸爸呀！"我在心里呼喊，"我是不会让你失望的。"

生气不如争气

担任校长第一天，教务主任对我说："等一下家长会来找你盖章。你一定要留住他的小孩，那是我们第一名的学生，有可能是我们第一个考上第一志愿的学生。"我没留住。

我的校长陈局长交代我第一天上班，千万不要迟到，但也不要太早到，因为是暑假期间，所以我在家磨蹭到7点才出门。55公里路，50分钟到达，进到办公室7点55分，我掌握得恰恰好。

工友大姊文环进来帮忙抹桌椅，我说了句："校园好宁静噢！"

她头也不抬，轻轻回答："暑假嘛！"

我想我讲了句愚蠢的话，看她忙进忙出，我便闭嘴，开始把一些东西收拾到办公桌抽屉里。

❀ 八点加两点，是十点

八点半、九点整，学校里静得听得到我的心跳声。我旁边的教务处没人，前面的辅导室没人。我开始怀疑今天学校是否放假。

"今天学校放假吗？"

人事主任听到我的问话，抬起头，以很和缓的语调回我："暑假嘛！大家会晚一点点到啦！"

"大概多晚呢？"

"十点一定会到啦！"

我心里终于了了，晚一点点，他用了"两点"来暗示我，八点加两点就是十点。

"他们都住附近，请通知他们，我九点半开主管会。"说完，我头也不回地上楼回办公室了。

不到九点半，主任全到齐了，还蛮有效率的嘛！

✿ 四个主任，各自盘算

主任们一个个报告完处室工作。我询问总务主任破玻璃的事，并希望他赶快找人修补。

身材修长，举止优雅，俨然是绅士的总务主任，说起话来也是不徐不疾的："校长，你可能不了解，小学校不比大学校经费多。在成本考量上，我选择开学前再修补。反正开学前一定会再破。如果没有把学生管教好，生活教育差，公物破坏的情况是不会改善的。"

他一说完，像退役军人般坐得挺直、说话声如洪钟的训导主任马上接话："生活教育是要靠所有老师努力的。我们平日努力处理学生打架、抽烟等违规事项，就忙不过来了。辅导工作恐怕得辅导室多尽力吧！"

辅导主任是唯一的女主管，她轻拨一下发丝，很温柔地把球接下来："我真的很想帮忙，但二十几个班的学校只配备一名主任，我没助手，做不了太多事，恐怕这个问题还是得从教务着手，不要整天考试，多安排有趣的课程才是。"

一直被晾在一旁，眼睛微闭，俨然老僧入定的教务主任睁大了眼，不过语气还是超稳、超平的："学校没有好成绩，就吸引不到成绩好的学生。没有好学生，训导处一定忙，辅导室也不会好过，总务处更别提了。"

教务主任完全不看任何人，眼睛直视前方，一字一句地说着他辛苦的招生历程。

排成"ㄇ"字形的沙发椅，我坐在正中间，两位坐我右方，两位坐我左方。四个人面对面，却可以避开对方视线，或手放胸前交叉，或跷腿斜坐，或双手放在双腿上。

我的脑海里突然浮现出在历史剧里，上早朝时站在两侧，公忠体国却各自盘算的老臣的画面。

❀ 先夸赞，再建议

其实他们说的都是实情，也可能是我们遇到事情的一种反应。

"哎呀！你们真是太有智慧了，都有抓到事情的'眉角'，既然大家都知道我们的问题在哪里，以后就不要再从问题的根源说起，我们只要谈处理的办法就好。"

说到这里，我看向总务主任："主任，谢谢您为学校经费设想，但我不希望为节省一两千元，却坏了学校名声，或造成危险。我看您是非常有美感的人，您一定也不希望学校破破烂烂吧！"

我再看向60岁的训导主任："主任，听说是您让学校逐步稳定，我向您致敬。我也当过7年训导主任。我们一起努力吧！"

我转身看向辅导主任："一个人能做的事的确有限，但专业的力量是不容小觑的。"

最后，我转身看向教务主任："在两大校旁边求生存真的不容易。您是学校同人最敬重的人之一，应是其来有自。"

我抓住了他们的优点来夸赞。他们脸上的线条稍稍柔和下来，也开始说起学校因应及面对大校压力之道。

这四名老臣果真是宏仁中学的忠臣哪！其实他们都有一套方法的。

❀ 教务主任呛声

过了早上主管会的第一关，我还颇自得自己处理得不错，没想到下午就出现了一场风暴。

下午一名家长来办理转学，在教务处与主任愈谈音量愈大。

不一会儿，教务主任跑过来，平日慢条斯理、超稳重的声音变急促了："等一下那个家长会过来找你盖章。校长，你一定要留住他的小孩，那是我们第一名的学生，有可能是我们未来第一个考上第一志愿的学生。"

家长被带到我的办公室。他气着说，要办转学竟还要受到教务处刁难。

"难道我必须去找议员来说情，你们才肯放人吗？"

我请他息怒，并与他恳谈。希望他把孩子留下来，与我们奋战。

"校长，光靠你认真、努力没有用啦！这学校的团队就是不行啦！"家长噼里啪啦诉说着学校的不好。

我叹口气："我不会勉强你留下来，但两年后，我会让你后悔没与我们一起奋战。"

"我以为你很有能力。"主任知道我盖下了章，气愤、失望之余，不屑地说了这句话。

我忍下愤怒，抬头，轻轻地告诉他："如果往后希望我帮忙留住学生，你得告诉我，学校有哪些优点可以留人；你得告诉我，我可以作战的武器是什么。"

他没再说话，一张老脸难掩失望与伤心。

我叹口气，并安慰他："不要再求人家了。我们一定要认真，让转出去、瞧不起我们的人后悔。"

是的，与其生气不如争气。我要争一口气，把每一个孩子都带起来；我要争一口气，让家长看到宏仁中学孩子的转变；我还要争一口气，让大家看到宏仁中学老师的认真、奉献与团结。

我会让他后悔的。

老师的名字

究竟是什么原因，让音乐老师拖着癌症晚期的病体来找我？音乐老师才开始述说，他一旁的夫人便开始掉泪。听到后来，我也泪流满面。

"校长，学校的音乐老师高老师来见您。"总务处打对讲机告诉我，学校唯一的音乐老师要来找我。

我曾经在全县音乐比赛中见过他，是个英挺、看起来很受学生欢迎的老师。我泡了杯茶等他，但过了十分钟，却没见到他上来。

我心想高老师可能是从家里出发，总务处太早通知我了，所以想到楼下人事室了解一些问题，但等我一走出办公室要下楼，霎时整个人被吓住了。

❀ 癌症晚期老师的请托

我看到一个瘦骨嶙峋的人，病恹恹的羸弱身躯，靠着一支拐杖费力地上楼。

抓拐杖的手，及另一只扶栏杆的手一直颤抖，走一步，就得休息，喘个半天。旁边一位女士该是他的夫人，在他左后方扶着，深恐他摔下来。

高老师费了一番力气上楼来，坐定后，犹喘息个不停。

他稍事休息后，说起他已是肝癌晚期，生命无几，所以一定要来见我。

"高老师，您不该上来的。我去您家探望就好了。"

他听到我这么说，摇了摇头："校长，我一定要亲自来请托您，帮我完成心愿。"

才说完这句话，他又喘又咳的。

他的夫人既担心又生气地说："你这是让新校长为难嘛！"

他望向我，一双含泪的眼，殷切、担忧地望着我。

究竟是什么心愿，让他得拖着病体来找我？虽然不知道能否帮他达成，我还是坚定地鼓励他说出来。

他开始说，一旁的夫人便开始掉泪。听到后来，我也泪流满面。

这是一个什么样的老师啊！宏仁中学何其有幸有这样的老师啊！

❀ 泪流满面的承诺

原来他诉说的第一心愿，是希望我帮忙把学校带起来："老师都很优秀，也都很善良，只是需要有人来带领。校长，我很早就认识您，我肯定您有这个能力。您一定是宏仁很重要的贵人。"

我客气地说我只能尽力，他恳切地望向我："您一定要整合，把宏仁带起来。"

他的第二心愿是要成立管乐团。他希望借着音乐来改变孩子的气质。

他提到已向埔里中学募集到一些淘汰的乐器，原想自己筹组管乐团的，无奈病魔即将夺走他的生命。

"我这生前的最后心愿，可能要拜托您来帮我达成了。"

我没有立即答应，因为我思索着管乐团要乐器、师资，要好多钱哪。我有能力达成吗？

他的夫人见我没回话，打圆场地说："校长，我跟他说过，这不能强人所难。一个乐团要花很多钱的。您不用答应，没关系。"

高老师看看我，然后头便低垂下来，难掩他的失望、难过。

这个病危的老师不是为自己要求，不是为自己家人的要求而来。撑着病体，一步一阵痛楚地上楼来，为的竟然是学校及学生。

我回想他在合唱比赛指挥时的俊俏身影，看着他现在忍受病魔折磨，身体不停颤抖的模样。

我深呼吸一口气，用力地说："我——答——应。"

这个老人头抬了起来，矍铄的双眼看着我，泪水顺着他的脸颊掉落。

他颤抖、费力地站起来要与我握手。

我紧紧握着他的手："你放心，我会组一个不一样的管乐团。我会的。"

❀ 宏仁中学蜕变的开始

两天后，高老师过世了，我们在学校礼堂帮他办了一场追思音乐会。

我在音乐会中提到高老师过世前来找我的事，我看到全场动容。有人不停拭泪，有人低头哀戚、啜泣，也有人强忍哀伤，不让眼泪掉下来。

最后，我斜转身，对着高老师的遗像说："我与你不熟，但我却永远忘不了你，你的身影不只会留在我心里，还会永远留在大家的心里。你的名字高任勇或许会被忘记，但大家将忘不了你真实的名字——你的名字叫'老师'。"

当我说完最后一句话时，全场响起掌声。

高太太站起来感谢我，并与我拥抱。

我看到宏仁中学的同事，他们看我的眼神开始改变了，但更重要的是，他们开始在深思一些事情了。

与议员过招

秘书告诉我，某议员会来学校推销洗碗精。没想到，议员真来了："李校长，我也不为难你了。你是新任校长，比较不能掌握校务。我看你就买个两万元好了。"

"校长，他真的要来了噢！"午餐秘书跑来找我，有一种猜中的扬扬得意，但也糅杂着些微的惶恐。

我对他比了一个"赞"的手势，并请他赶快去准备。

前几天，午餐秘书便提过，县内有一名议员，会来学校推销洗碗精。

"他的洗碗精根本就没办法把碗盘洗干净，而且贵。"午餐秘书说上一年的洗碗精都还堆在仓库里呢！

我说："既然又贵又不好用，为什么还要买？"

年纪比我大多了的午餐秘书，露出了一抹诡异的笑容。

他用轻得可以的声音问我："校长，你真的不知道，还是故意问我？"

我从他眼角的余光中，看到一丝质疑、不安？还带点轻蔑？

他看我盯着他瞧，终于收起笑容："当然是怕得罪议员，害校长到议会备询时被修理呀！"

我用我明白了的表情，以短暂的静默，故意表现出我在沉思的模样，其实是在掩饰自己的窘状。我真是愚蠢哪！

❀ 七万元的支票

"我们买来用的洗碗精还剩多少？需不需要买？用过的瓶子还在不在？"

午餐秘书听到我一连串的问话，露出狐疑的表情，但他还是仔细回答说："快开学了，最近才新买一批呢！至于旧瓶子倒是还没回收，多得很呢！"

我要他把旧瓶子堆在新买的洗碗精后面，层层堆叠，制造出堆积如山的洗碗精的假象。若当真那议员来了，我自然可以如此如此这般这般地应付。秘书听了忍不住笑了出来。

没想到，才说完几天，现在他真的来了。

他在我办公室"冂"字形沙发正中间坐下。我倒茶，并与他寒暄。他先是客气地问我学校有没有什么需要，再闲聊地问一些学校招生情况，又聊到学校的既往……

我的耐性到了极限，直接问了："哇！我来这里当校长，您就来关心我，真让我感动啊！可是不知道议员今天来是有什么指教？"

他也松了口气，直接挑明要学校买洗碗精。

我马上露出一副为难的表情："议员，您也知道小学校经费有限，可能有困难。"

我才说到有困难，他便从皮夹中拿出一张支票给我看，是某校开出来的七万元的支票。

"李校长，我也不为难你。你是新任校长，比较不能掌握校务。我看你就买个两万元好了。"

❀ 完美的演出

我一听，又露出一个更为难的表情："议员，您真体贴，我怎么都遇到体贴的人呢！我们家长会会长也好体贴噢！他知道快开学了，开始提供营养午餐就要用到大量的洗碗精，所以捐赠了一整年都用不完的洗碗精。如果我再买，不要说主计不会同意，恐怕我们会长来学校协助验菜或午餐等其他业务时看到了，我们不好交代。"

说到这里，我露出了完全没办法的表情，然后，我起身拿起电话，按了午餐秘书的分机，告诉他，议员在我这里，请他过来一趟。

午餐秘书来了后，装作一副诧异的表情："一接到议员的电话，我就在午餐室等，没想到，您在校长室了。"

我把刚刚对议员说的话又演练了一遍，说了一回，秘书也配合演出："是啊！会长叫人送来那么多的洗碗精，我也吓一大跳。我说洗一年都洗不完。会长还说他的小孩在这里读书期间，不管他有没有当会长，他都会供应。"

哇！姜还是老的辣，午餐秘书更狠，把未来几年都打点到了。

"议员，我请午餐秘书陪您到仓库看看，您就知道有多少洗碗精了！"

午餐秘书立即起身，做出"请"的动作。

议员脸色奇差地起身，说了句："不用了，还有行程。"

"那，午餐秘书，请帮我送议员。"

议员再一句："不用了。"然后拂袖而去。

等看到议员完全走出校门后，午餐秘书对我竖起大拇指，比了个"赞"，但也忧心地说："校长，你恐怕得防着些，议员不好惹呀！"

其实，有私心的人都不好惹，又岂止是议员呢！但我坚信一点：

无——欲——则——刚——啊！

你见识过小辣椒吗

一天，一个人把我给拦下。他不怀好意地说："主任，你真嚣张噢！小心哪！你女儿读哪个幼稚园，走哪条路，我们都知道噢！"

从他一进我的办公室，我就可以感受到四周的空气似乎变了。

我眼前是一个短小精悍的男人，双眼微凸，脸色黝黑。从他走进来表现的神色来看，似是有备而来，而且是势在必得。

警卫室通报说家长来找，我只认为是寻常的家长，但我看到同人经过我办公室，见到他都有些慌张地快速低头走过，我感觉有异，因此请他坐下。

借口说要请工友准备茶水，我走到隔壁文环姊的位置，询问这个人的来历。

"他就是那个无理的家长啊！"文环姊一说明，我就清楚了，心想这个人真是贪得无厌哪！

回到办公室，我故意装作不知晓地请教他有何指教。

他斜眼得意地问我："你是新校长，可能不知道我吧？"

"你是埔里的大人物，人人都认识你吗？那我不认识，还真是失敬失敬了。"

他收起皮笑肉不笑的态度，开始诉说与我校老师的事。

❀ 狠敲竹杠的家长

在暑假期间，我就听闻了这件事。

听说这名家长的家庭有状况，孩子在校期间便有一些奇怪的言语。导师带着这个孩子到辅咨中心接受辅导，还在辅导老师的建议下，与家长一起带着孩子就医。医生诊断为疑似躁郁症。

五月的一个假日，这个孩子的父亲与祖母为了家事大吵一架，这个孩子怒吼："不要再吵了！"还抓狂到拿棍棒打破玻璃。

这一天，这个孩子上吊自杀了。

因为这个孩子家境不好，导师对他照顾有加。他过世后，导师心疼又伤心，因此与学校老师发动乐捐，协助丧葬事宜。

但没想到，这名家长在孩子联络簿上看到孩子写到他捡了同学的笔，还给同学时，"好像被误会了"。导师在联络簿上劝他别胡思乱想，因为同学很感谢他，没人怀疑他。

这么一小段对话，居然被家长拿来大做文章、敲竹杠，还到处投诉。

调查单位看到老师与学生辅导的资料，都感动于这名老师的用心，不理会这名家长的投诉，但这名导师付出了爱，却受到这样的伤害，痛苦得无以复加。

"校长，你刚到这所学校，你一定不希望有丑闻。如果你给我50万，我就不会找媒体。"他乜斜着眼看我，真让人厌恶哇！

我怒视着他："去找吧！找愈多愈好，我一起参加你的记者会。"

他瞪大了眼看我。

我想他一定很诧异。我居然没求他，还鼓励他多找一些媒体。

我继续说下去："你继续跟记者说这些无中生有的事，我把你敲竹杠、对孩子不闻不问、未尽管教与关怀责任的事摊开来，让大家评评理。孩子过世时，学校老师捐了十几万元，那是丧葬慰问金，那是师生情缘的真情付出。你真以为老师的钱好敲，是吗？"我愈说愈激动，他的脸一直涨红。

我又继续说："你想找媒体是不是？来，我有媒体的电话，要不要给你？我们在媒体前面说个清楚，讲个明白，让埔里人知道是你让埔里人丢脸。因为你，外界以为埔里人不讲理；因为你，让多少努力认真的老师心寒。"

从小我就参加演讲比赛，所以我流利、快速且犀利的指责，让他无法招架。

他愤怒地站了起来，丢下一句："我们走着瞧！"然后离开了我的办公室。

❀ 老师，我挺你

他走了后，旁边教务处同人，及隔壁影印室工友文环姊都过来给我鼓掌、叫好。

"校长，X老师知道这家长又来，她又难过地在办公室痛哭。"文环姊忧心地告诉我。

我请文环姊去帮我买了个蛋糕，送给X老师，并在卡片上写下我对她的支持及鼓励："老师是个会牺牲奉献，会经常难过、受伤的工作，却也是个会让人上瘾的工作。我们在难过、受伤中继续享受牺牲奉献，因为我们可以在孩子的笑脸中，在孩子一句'谢谢'中，找到力量。"

同人问我为何我敢这么凶。

我说没做坏事，光明正大，就可以大无畏。

❀ 勇敢回呛黑道

我笑着说起以前担任训导主任时的事。20世纪90年代，台湾地区校园里毒品泛滥，当时年纪轻轻的我担任训导主任，有着一股傻劲与执着。我一心要把毒品赶出校园，获得家长会会长李朝权的大力帮忙及警察分局的协助。

家长会提供经费，购买了许多验尿剂。假日后对学生验尿，只要发现异常，我一定会努力地追查来源，然后交由警察分局去抓人，由于抓到了毒贩，因此外面盛传不要卖毒品给我校的学生，以免被抓。

我积极的作为有了成效，但也招来了危险。

一天，放学后，一个人把我给拦下。他不怀好意地说："主任，你真嚣张噢！小心哪！你女儿读哪个幼稚园，走哪条路，我们都知道噢！"

我又气又怕，但仍忍住，笑眯眯地说："你怎么那么会调查呀！可惜你没调查到我先生在哪个分局上班。如果他知道他的宝贝女儿受到威胁，他一定会很生气的。"

那人一听马上换个脸色，笑着说："你丈夫是警察呀！"

我笑着点头："警察分局黄振焕分局长是他学长，刑事组组长陈俊星是他学弟。"

他一听，脸色变得更好："主任，我是好心告诉你要注意啦。"

我笑着回他一句："感恩噢！"

可能是憨胆勇敢面对校外恶势力的威胁、恐吓，所以别人给我取了一个封号"小辣椒"。

"小小一粒辣椒，就可以辣死你。"有人这么形容我。

同人听了哈哈大笑，他们开始传说我的凶悍退敌（哈哈，形容得很好笑），也加上那句："小小一粒辣椒，就可以辣死你。"还传说我的温暖，让X老师感动到又流了一脸泪水。

最让我高兴的是他们下的结语：我们校长很有肩膀。

那天我正式成为宏仁中学的大家长！

第二章　把不入流的学生教成一流

唱"军歌"的孩子

那名不到150厘米的小男生拿着一把剑（或刀？）要拔出鞘，可是这把武器太长，他的手太短。

糟糕，拔到一半，卡住了。

九月底的午后，埔里已比较凉爽，吃过午饭，看了一会儿杂志，才刚趴在桌上想休息一下，突然一声"答数——"的洪亮声音，把我给惊醒过来，接着哩哩啦啦、不整齐的"一、一、一、二、一"答数声，从我办公室的楼下传过来。

我揉揉眼睛，跑到阳台往下看。

满头白发的训导主任，拿着藤条，用力吼着："大声点，答数——"学生被一吼叫，音量稍稍放大，但还是不整齐。

前进的队伍也凌乱、不整齐。虽然用力踏步，但此起彼落的脚步声，不禁让人要皱起眉头。

"这是演哪一出、哪一个场景啊？"

❉ 骄傲的剪报

训导主任往上看到我，很神气地对我挥挥手，似乎是为了表现给我看，所以喊得更大声："答数——"

"校长，这是我们要经营的特色，现在已经没有学校在进行'军歌'比赛了。运动会进场时，总看不到学生抖擞的精神、整齐的步伐，因此我坚持要练'军歌'，要办比赛，所以可能吵到你午休，对不起噢！"

我说没关系，但我仍忍不住要问："中学生练唱'军歌'及行进，会不会太小了？"

"那是你没有看过，你才会问这个问题。其实，我们还因为这个活动被媒体报道过呢！"

主任提到上过报纸的地方版，整个脸神采飞扬。说到精彩处，虽忍着没有击节叫好，但一双手却握紧拳头，想压抑却压抑不了地泄露出他内心的骄傲。

"我等一下拿剪报给你看。两个礼拜后，你看学生比赛，你就知道什么叫精彩。"他迫不及待地回到办公室拿剪报，而且是影印好、保存好的剪报。看来他早印好、保存好，非常的骄傲呢！

❀ 生平第一张违规超速罚单

过了两个礼拜被"军歌"洗礼的日子，每天午休总听到歌声。

我仿佛住在营区旁，每天受到"军歌"熏陶。开车时，已不自觉一边唱，一边答数，还要喊口号。

或许因为总听这首歌精神抖擞到车速过快，一天，我被警察拦下。

他拿出测速器给我看："小姐，你已超过100了。"

我看到测速器上显示105，所以回了一句："还好只有超过5公里。"

警察瞪着我："可是这里的时速限速是70耶！"

那天，我第一次收到违规超速罚单。

❀ 我忍不住大喊

终于到比赛当天，训导主任很慎重地邀请评审。他平日便晒得乌黑黝亮的一张脸，此时更亮了。

穿着功夫鞋的他，小跑步上台，宣讲比赛规则，声音异常洪亮。

看到我坐在台下观看，他整个人简直兴奋到不行，还要我宣布："比——赛——开——始——"

一个班一个班地出场，声嘶力竭地歌唱，大声呼吼口号及答数。

我的耳膜被震得受不了，但我不得不认真地观看，毕竟是各班练习的成果。

"下一队，欢迎××班出场。"当司仪喊完，这一班出场时，大家看到领队的竟是一个150厘米不到的小男孩，不禁都笑了出来。

训导主任立即大声吼叫："笑什么笑！"会场才又安静下来。

他们唱得不错，但一个噱头又让会场观众大笑了起来。

那名不到150厘米的瘦小男生拿着一把剑（或刀？）要拔出鞘，可是这把武器太长，他的手太短。

糟糕，拔到一半，卡住了，卡住了。

"我拔，我再拔……"小男孩拔得面红耳赤。场内笑声随着他每一次用力尝试拔剑的动作飙到最高点。

我没笑，只是紧张地看着他，最后忍不住喊出来：

"不要拔了。"

说时迟，那时快，随着我最后的喊叫声，训导主任一个箭步冲上前，"唰——"一声，剑终于拔出来了。

"不——要——笑——！"训导主任狮吼般的音量，镇住了所有笑声。

❀ 汗或泪，看不清

我心疼地看着那个小男孩，他强忍住眼泪，右脚在地上用力踩两下，把最后的收尾动作结束，向评审鞠躬，报告表演结束。

退场时，他用手抹脸，是汗水或泪水已看不清了。

比赛结束了，校园不再有答数，不再有口号，只听到主任不时吼叫："安静，全部给我安静。"

同事说他很注重我的观感，比赛过程中，一直在观察我的表情，看到我为那小男孩心疼、皱着眉，他感到很挫败。

我听了，便找机会安慰主任。我说："办得不错呀！"但他也只是尴尬地笑了笑。

那是宏仁中学最后一次的"军歌"比赛，永远忘不了的一次比赛。

需要掌声的孩子

"宝贝，我希望你们帮忙做礼堂上舞台的大阶梯。下个月，我们就要举办活动，我希望能赶得上使用。"

我说完，阿翔便以一副老大的模样撇嘴："那是不——可能的事情。"

在处理公文时，眼尾余光瞥到一个孩子在窗外看我，是三年级的阿翔。

老是站三七步的他，一手插在裤袋里，一手斜靠着窗台，身体永远是站歪的。

我笑着唤他进来。

他把手从裤袋里拔出来，指着自己问："我吗？"

我点点头："对，就是你，进来呀！"

他高高兴兴地进来，但不是用跳跃的步伐，一双脚仍像黏着地板一样拖着进来。不过他装酷的一张脸，仍止不住喜悦的神采。

"老师说好了，要请你过去看啦！"

我听阿翔一说，立即睁大双眼，惊讶地问："怎么可能？怎么这么快？你们太强了吧！"

装酷的阿翔已经要忍不住破功了，他高兴、得意到快笑出来，没办法装酷了，只好催促我："阿母，快点啦！"

❀ 听见阿翔的心

阿翔是第一个让我印象深刻的孩子。第一次见到他是在保健室，与人打架的他脸上有一道口子，血淋淋得让我赶紧别开脸，不敢看护理师处理他的伤口。

说起打架的理由就是争风吃醋。护理师轻描淡写地说起学生血气方刚，动不动就打架的事。

"外面的人都说我们的学生很坏，不是躲在巷子里抽烟、喝酒，就是打架闹事，再不然就是逃学，在外面骑机车乱逛，其实我看你们不坏呀！你们嘛！乖一点，干吗要打架，好好读书嘛！"

对护理师阿姨的叮咛，阿翔只是冷冷地说："来学校很无聊。老师讲的，我们又听不懂。"

后来是看到阿翔的中辍单。几天后，学校的辅导教工又偕同警方去把他找回来。

"我在外面已经有工作了。"阿翔不想回学校，所以面对老师的规劝，他不但一概不听，还与老师说起在外面工作的乐趣。

我说："在大太阳底下，很辛苦的。"

"总比坐在教室里好，坐在教室里就像憨人。"倔强的阿翔说还要逃，当老师提起孩子中辍，父母要受罚的有关规定时，他才静默不语。

✿ 另类激将法

那天，我去找了学校的一名体育老师金丰，他在我来学校报到时喊我一声老师，原来是我以前在台东县公东高级工业职业学校教书时的学生。

我听到他担任体育老师时便很诧异："好浪费资源噢！"

金丰是公东高级工业职业学校木工科的选手，获得世界铜牌后，被保送到师范大学就读。我以为他应该在专长上发展的，没想到竟当起了体育老师。

"帮我训练学生吧！"我拜托他教这些无所事事的孩子。

可能是老师说的话，他不敢不听；也可能是他想起自己因木工而展开生命的另一页，他点头答应。

"宝贝，我希望你们帮忙做礼堂上舞台的大阶梯。下个月，我们就要举办活动，我希望能赶得上使用。"

我说完，阿翔便以一副老大的模样撇嘴："那是不——可能的事情。"

他拉长声调，还装酷地抖脚。

"只要你们下课就过来赶工，一定来得及。何况，教你们的老师是一流选手耶！你们那么没本事吗？"

我故意用激将法，再加上金丰在一旁敲边鼓，他们一副"我拼了"的模样答应。

✿ 孩子安静的秘密

"校长，你们学校最近好像比较安静噢！"驻区督学有一回来学校巡视时，提到他的发现。

我带他到工艺教室看，一群头发乱竖、服仪不标准的孩子正专心地锯木头。

"这就是学校安静的原因。"

我告诉他，我把这群初三的孩子聚集在这里工作。他们有事做，而且是有进度的活儿要做，哪有闲时间打架闹事？

他笑了出来，夸我好聪明。

我说不是我聪明，是老祖宗聪明，"'小人闲居为不善'，你没听说吗？"

他大笑着说："他们真的忙到没时间打架闹事。"

✿ 孩子唤我"阿母"

看着眼前的孩子，或是桀骜不驯，或是欠缺自信，或是愤世嫉俗，在燠热的工艺教室，工作中汗流浃背的他们，都有着专注的眼神。

"木头磨平了，我期望他们的火暴脾气也能磨平。"我这么向督学报告。

就是那一回，阿翔看到我带着督学来，就故意冲着我喊："阿母、阿母。"

我也回应他："儿子，什么事情？"

从此阿翔不像别人喊我"校长妈妈"，他独树一帜叫我"阿母"，我也喊他"儿子"。

"阿母,快来看啦!"阿翔又再催一次。

我合上公文,跟着他快走到工艺教室,可以组装的木阶梯已然完工。

他们企盼看到我,好跟我炫耀的神情,让泪点一向很低的我一下子就热泪盈眶。

"宝贝,你们怎么那么棒啊!天哪!我好想赶快让大家看看噢!"

在泪光中,我看到了一群被"磨平""抛光"的孩子。

❀ 孩子改变的契机

隔周周会时,他们扛着木阶梯,在大家注目、鼓掌下进入礼堂。

宽八尺、高四尺、深六尺的两座阶梯,在他们的嗨哟嗨哟声中被扛进来。

波丽面木心板的阶梯,虽不是最好的木材,但必须裁切成锯齿状,一阶一阶地组装,艰巨、细腻的工法仍换来老师惊呼的声音、同学羡慕的表情。

他们稍带紧张,却难掩喜悦地把两座阶梯放下,摆好,然后紧靠着舞台,此时全场响起如雷掌声。

阿翔从礼堂出来后,握着拳头说:"来宏仁两年多,今天最爽。"

几个孩子叽里呱啦地说着第一次站在大家前面,有多紧张之类的话。

"阿母,还要做什么?"阿翔兴冲冲地问我下一个工作。

我说:"刚做完,休息休息吧!"

他们摇头,很豪气地说:"不用休息,你再叫我们做大件一点的。老师说我们的水平可以做更大的。你赶快想一想。"

那天,他们一直跑我的办公室,与我分享各科老师夸他们的话,也催促我快想别的工作。

孩子需要肯定,需要有事做。

这一个大型阶梯已然提供了他们改变的阶梯。我确信他们正一步步爬上阶梯,努力向上。

艰巨的责任

教务主任抿着嘴，对我说："校长，你是不知道我们一二流的学生给××学校抢走了，三四流的学生给××学校抢走了吗？我们只剩不入流的学生，老师再怎么认真教，也没用的。"

你能了解贫穷的人生活难堪到何种境界吗？如果你没有亲眼见到，你便不能说你理解。

宏仁中学，它属于乡下学校。单亲、隔代教养、低收入户人数，超过学生总人数的三分之一。

学生回到家，必须帮忙做代工，赚取微薄的生活费。不用说想方设法帮孩子找到"明星学校"就读，就连学校的辅导课费用，家长都无法支付。

❋ 反对的声音

我来了一学期，看到许多孩子因为无法参加课辅，放学后四处晃荡，有的甚至躲在巷道里抽烟、喝酒。训导处老是接到投诉的电话。

我希望全校学生都能留在学校里，参加补救教学。

"每天能多背一个英文单词，或一首诗，三年下来，可以累积多少英文单词啊！就算没读多少书，至少不会在校外飙车出事，或抽烟、喝酒，破坏学校形象吧！"在寒假期间，我便与教务主任谈到这个构想。

他保持一贯的沉稳，思索半天，才以缓慢语调，极平顺地说："那是不可能的。"

他看我一脸不以为然，又继续分析给我听："这里的学生家庭环境都很差，交不出钱。另外，学校老师已经习惯不上第八节课，四点就放学。我每次都是费尽心力，才拜托到老师来上两班加强班。你要大家一起上，老师第一个就不会答应。"

"我知道任何增加大家工作量的作为，一定会遭到反对，但请你试试吧！为了我们的孩子，试试吧！"

主任抿着嘴："校长，你是不知道我们一二流的学生给××学校抢走了，三四流的学生给××学校抢走了吗？我们只剩不入流的学生，老师再怎么认真教，也没用的。"

❀ 我只有一个想法

我叹了一口气，看着眼前这个文质彬彬的老主任，他一直很努力于学校的教学工作。

平日闲聊中，提到早期宏仁中学曾有的一段风光时期，脸上总露出心向往之的神态，但一谈到现今，他便霎时像从天上掉落凡间般错愕与失望。

这么多年来，为了把学区成绩优异的学生留下来，他想尽了各种办法，甚至不惜与家长吵架，也不肯盖下改分发的章戳，弄得家长纷纷找议员来关切。

我便接获几位议员的电话，关切之余，也被酸一下："留不住，就不要强留。"而为了这些关切，我忍下了。

我唯一的想法，就是要印证我们可以把孩子教好。

"一二流的学生教成一二流有什么了不起。我们把不入流的学生教成一二流，那才是真本事。"

对我这样的回答，主任很知分寸地停住讨论。

我再度拜托他，安排下学期一定要鼓励全校上第八节补救教学课。

没想到，开学后，他给我的答复依然没变。

我与学校某些老师提到我的想法，以为会获得支持的，但没想到获得的答案竟是："校长，你不要把以前的坏习惯带来这里。我们埔里的三所中学向来是不上第八节课的。"

我有些呕，但我想，山不转路转，我总可以想到办法的。

❀ 学校真有那么穷吗

一天，灵机一动，我想到以前就读教研所的彰化师范大学，那里的教授超好的，对学生的请求，总会尽力帮忙，因此，我厚颜找教授，请求协助。

"大四或研究所的学生需要机会实习，我学校的孩子需要有人免费课辅。再者，彰师大有校车，有资源。这么做，能发挥爱心，并做行销，多好哇！"

张惠博院长听完我的分析，笑着说："学校真有那么穷吗？老师真的不愿意上吗？"于是他带着洪连辉教授、林忠毅教授等人来学校看看。

一看，没多说话。他们都答应要来帮忙，但只能在周五来上第八节，周六、周日上全天的补救教学。

"这样可以吗？"院长问我。

我用力地点头。

只要能帮助孩子，即使是利用假日，我也感激莫名。何况他们不但免费，也要跟着牺牲假日呢。

我原以为学生会抢破头来参加，但没想到，调查后，居然有人因为要"午餐自费"而不能参加。

我对这现象频呼不可思议："所有的费用都不必缴，只是付自己的午餐费五十元，怎么也不能参加？"

❀ 我们肩上的担子

教务主任苦笑着说："你真的不了解，他们真的很穷。"

注册组告诉我，家境的确十分贫穷的学生人数，逾三分之一。其余，仅够温饱的，也占了大部分。

辅导老师告诉我，学生中有人一家六口，挤在租来的30多平方米的铁皮屋里；有人父亲受伤半残，无力工作，母亲离弃，三名兄弟得照顾父亲及彼此⋯⋯

辅导老师叹气说："每一个贫困家庭的孩子都有一段旁人想不到的辛酸史。有钱的人家会安排孩子就读明星的私立学校，或改分发到明星学区，但我们这些穷困的孩子能到学校就读就已不错了，哪有可能费心思选择学校？哪有可能缴交辅导费？"

"虽然我们的孩子穷，但我们会想办法找援助，并教他们现在安于环境，等待将来改变环境。"我如此安慰老师。

"有时候想想，孩子很穷的确很可怜，但从另一方面来说，他们没有机会因富裕而娇生惯养，其实也是幸福的。"辅导老师试图从另一方面解释，以缓解一些悲伤。

想想困顿的生活，的确能栽培生命的韧性。贫困的孩子或许不能就读明星学校，但绝不能连基本的教育都荒废了。

我知道我的责任更重了！

哇！大学教授来上课耶

总务主任对我说："校长，彰化师范大学师生那么辛苦来帮学生上课，还克难地睡在教室的地板上。我想我去与地方的饭店谈谈，看能否赞助、帮忙？"宏仁中学的老师终于动起来了。

彰化师范大学的教授带着研究生或大四的学生，利用假日来帮忙补救教学，不但在学校引起注意，连地方也开始传诵。

大家对宏仁中学的印象开始慢慢改观。

"校长，他们那么辛苦来帮学生上课，还克难地睡在教室的地板上。我想我去与地方的饭店谈谈，看能否赞助、帮忙？"

总务主任看到后说他非常感动，于是主动提出解决住宿的问题。

✿ 从观望到协助

"是我的母校教授来帮忙，我一定会来学校，协助处理行政业务。"教务主任不在乎假日要休息，跟着忙进忙出。

"校长，你知道洪连辉教授自掏腰包买比萨，请我们的孩子吃吗？"

"校长，生物科的林忠毅教授说我们的仪器太老旧。某些课程，他要带学生到彰师大上课。"

"校长，数学科梁崇惠教授带来一大票学生，帮我们进行补救教学，好壮观噢！"

…………

学校老师由一开始的观望，到议论，以至佩服。由周五的快乐下班运动去，到留下陪伴，以至协助。

我看到了。

他们聊到在外购物时，听到家长及社区民众对学校发出难得的称许而高兴不已。他们说宏仁中学可能真的要改变了。

我听到了。

✿ 我对自己发誓

"我看你们的设备这么差，这样子吧，我们主办的大众科学营竞赛，南投县就委由你们来承办，我们会补助一些经费，我也会请县教育局多少补助你们买几张会议长桌。"洪连辉教授帮我想到办法，还立即与驻区的黄建彰督学商议补助物品。

活动当天，我看到学校的老师动起来了。

县政府补助我们的50张长桌一送来，我看到协助搬动的师生笑了。

大众科学营竞赛的红布条一挂上，我看到了希望。

在那红布条下面，我对着自己发誓：我一定要让宏仁中学长红。

萌生退意

"学校老师已到县政府投诉，说你每天早上都站在校门口点名，有老师已经被搞得精神衰弱了。"督学告诉我来意，我错愕又伤心。

"督学又——来了。"警卫打对讲机通知我，那个"又"字被他拉长音。这个月，督学已来两次了。

我叹一口气，无奈地想，这一回又是哪个学校，或是哪个民意代表来投诉？

✿ 伤心的投诉

"学校老师已到县政府投诉，说你每天早上都站在校门口点名，有老师已经被搞得精神衰弱了。"督学告诉我来意。

我错愕、伤心地解释，早起是个人担任训导主任的习惯使然。站校门口，既未带笔，更未带点名簿，如何点老师的名？

"反正，你就是睡晚一点再出门，不用一大早站校门口，给老师带来压力。你至少要待一任四年，留点体力，不用天天那么累。"长官极力说服我晚点出门。

✿ 我一天的活力来源

我想到每天大家还在睡梦中，清晨6点不到，我便蹑手蹑脚地开家门，轻轻启动我白色的小玛驰，启程到学校。

从家到埔里，我或是听广播，或是自得其乐哼着歌。55公里的崎岖震荡，我不但不以为苦，有时因前一晚下过雨，山特别青翠，再伴着袅袅山岚，奇美的景致，还会让我大呼幸福。

老同事听到我一早出门，总要我小心一点，因为山路不好开车。

云笑我改不掉训导主任的老毛病，总喜欢一早站在校门口，和学生问早。

她提醒我，别忘了自己已是校长，不是训导主任了，不需要那么早到校。

我说："看见孩子们的笑脸是我一天活力的来源，这恐怕与担任什么职位无关。"

❀ 我有七八百个孩子

记得开学第一天，我笑眯眯地向孩子们问早，也向老师们问早，更向家长们问早。

他们看到一个穿旗袍的娇小女人，摆着一张笑脸，主动问早。每个人的脸上都是一样的表情——"她是谁呀！"

有的人尴尬地回礼，声音小得听不到，但看得到嘴唇在嚅动；有人装作没听见，快速离去。

对家长，我就不予理会，但对孩子，他们若没回答，我一定追着问："宝贝，早哇！"

没想到这句"宝贝"，引来一阵笑声。

"她叫你宝贝耶！"一个孩子笑着推着身旁的同学。

我马上对着他说："我是你们的'校长妈妈'，你们当然都是我的宝贝。你也是我的宝贝。"

我一说完，刚才被推的孩子，马上转身对同学叫唤："宝——贝——"虽然有些是故意拉长音调的模仿，但表情却是愉悦的。

没几天，全校都知道我呼唤孩子"宝贝"。孩子进校门看到我，也会高兴地问早。一个孩子问我，可否叫我"校长妈妈"，我猛点头。我还利用集合时，告诉大家："我是大家的'校长妈妈'。"

于是，一天的开始变得热闹有趣：有的叫我"校长妈妈"，也有的直接叫我"妈咪"，最特别的是叫我"阿母"。

我真的乐在其中，想想有七八百个孩子，是一件多幸福的事啊！

而且另一个收获，是我帮学校行销加分的效果。

家长知道我每早六点前即出家门到校，常停下来，与我闲聊几句，或加油一番。他们与学校的关系，或对学校的观感愈来愈好。

"校长，你太让人感动啦！"家长是这么说我的，但看来学校老师似乎不领情。

✱ 议员公然索讨

"这是我回任教师的申请书。"我对着来校关切的督学，提出想回任当教师的申请。

他错愕地问我，为何要这么做。

"老师的投诉，只要加以说明就好了呀！"督学试图要安慰我。

我开始一一细数自己的挫败，告诉督学萌生退意的原因。

第一件，是第一学期，某位议员要求承包、制作学校毕业纪念册。

我告诉他，公务人员就是要守法，我保证公开招标一定公平、公正且透明，并欢迎他来招标。末了，我还补上一句："家长会也要求我们要公开招标。"

我以为可以以握有选票的家长来让议员知难而退，没想到他冷笑一声："连家长会都没办法掌控，你这校长也太没能力了吧！"

我叹口气，并抱歉地说："唉！您还真说中了，这方面我真的没办法。我比较笨啦！"

那天，议员不满意地走了，但在议会预算审查时，他把我叫起来，毫无法治观念地说："不要什么事都说公平、公正、公开。我又没要吃你十成，给我一两成，我就很满意了……"他除了公开索讨外，还故意挑拨说我校的家长会对我很感冒，等等。

"那件事，你们家长会不是除了为你讨公道，向他抗议外，还在校庆时，摆桌公开挺你吗？"督学提出质疑。

我点点头，请他继续听下去，并问他，可还记得前些时候某位校长，因为学校老师向议员投诉，被议员修理辱骂到哭的事件。他点点头。

我说，这位校长被议员修理的画面透过电视播出来，当时我的母亲便忧心忡忡地叫我："咱们不要当校长了，好不好？回去好好当老师就好了。犯不着给人骂成那样子。学校老师能带就带，不能带就回来吧。"

年近八旬的老母亲，为我担忧，还提到我上任当天的事。她无法想象自己的小女儿怎能管理这样的学校。尤其她又把我当小孩来看，更是担忧害怕。

❀ 议员放话修理

其实那次议会的震撼教育，便让我想打退堂鼓，尤其，这学期更有一位议员打电话要来说午餐、食材厂商的事，当时我心生一计，故意压低声音说："议员，我这部电话有录音噢！"

他一听，二话不说，把电话挂了。

事后，我知道有某位教育同人跟他很熟，所以故意放出风声，让他们知道我的丈夫在警界服务，我最要好的朋友是检察官，以此自保，希望他不会再来说。

他的确没再来说，却放话要修理我。

"校外的威胁，我不怕，但我怕伤害老父老母。我也害怕、讨厌教育界的倾轧伤害。督学，这学期，你不是老来我学校，希望我不要那么积极认真，免得造成其他校长的压力吗？我受邀演讲，已不是这一两年的事了。对于亲职教育的邀约，站在分享的立场，我不会拒绝，却有人向你投诉我在抢学生；我每天学校、家里一条路线走，从不应酬，却被谣传到成绩好的学生家里抢学生；我认真地想把宏仁中学带起来，却被中伤说我来宏仁中学只是凑热闹，把宏仁中学当跳板……"

我一口气把自己的哀怨都说了出来，并说那时便已写好回任教师申请书，只是没送出来而已。

督学笑着说："何必管他人的说法，你做你的就是了。"

❈ 最伤人的污蔑

我叹了口气："是啊！我做我的，外面的风雨都可以不管它，但校内如果没有向上爬升的力量与意愿，我一个人怎么能拉得动啊？督学，您说我学校的老师投诉我早上站在校门口点名，让他们心惊胆战，这真的最伤我，也是让我决定申请回任当老师的最主要原因。"

说到这里，我已经有些哽咽，深呼吸一口气。

"我这么认真，难道他们看不出来吗？为了让三年级的学生不要欺负学弟学妹，开设木工社团，我要到外面争取经费耶！为了让孩子的能力提升，我亲自到彰师大拜托教授帮忙。为了提升学校人文素养，我办理各种艺文活动，自筹资源及经费。他们应该看到了孩子的改变，他们应该听到了学区家长对我们印象的改观。家长都会说我做的一切，让他们很感动，他们没感觉吗？我不要他们感动，我只要他们理解。这一点点的恳求，他们难道都做不到吗？"我停顿，再深呼吸一口气。

"我每天6点前出门，在天色昏暗中，开55公里的车到学校。我只是喜欢一早看到孩子，跟他们问早，他们是我一天活力的来源。我既没带笔，也没纸，没点名条，我如何点名？这样的污蔑最让我难受，也是打击我的最大力量。您说，我如何带领这样的学校前进？"说到这里，我已无法再言语。

良善且温和的督学安慰我："你不要想那么多，也不是全部的人都这样想，投诉的就一两人罢了！"

我大呼一口气："算了，我还是回以前服务的学校，好好地教书吧！"

督学笑了出来："噢！不行噢！你必须在宏仁中学当老师。你要想清楚噢！"我整个人真的傻住了。

督学停顿了一下，又提醒我："你忘了县长交付你的任务？你这样退下来，不是证明了县长没有识人之明？"

我愣在现场，想到接过校长聘书的那一幕，想到县长对我大姊说的话："你不知道你妹妹的能力！"再想到以前服务的学校历任校长陪我上任，期望我改造宏仁中学，更想到我在红布条下发的誓：我一定要让宏仁中学长红，最后，我想到早上孩子们高兴地叫我"校长妈妈早"、"妈咪早"或是"阿母早"的模样。

我喝了两杯热茶，再深呼吸一口气："好吧，既然如此，与其在宏仁中学当老师无法有作为，还不如继续我的校长生涯。我就再拼一下吧！"

✿ 依然不改其志

晚上，老公听完我的陈述，调侃地说："'苦干实干，撤职查办'，你没听过吗？"

我白了他一眼。他转而赶紧为我叫屈，说我这么认真，学校老师应该肯定、支持，并与我一起努力的，没想到，没这个心也就罢了，竟然还到县政府投诉，这不是丢人现眼吗？

"怎样？明天睡晚一点？"

我对老公的提议摇摇头："明天，我还是要一早出门。我不想失去一早与孩子们见面、问好的机会，不过，我想到一个解决的方法了。"

"明天开始不站校门口。我到远一点的十字路口，看孩子们上学，总可以了吧？"老公听到我的回答，直摇头说，狗改不了吃屎。

唉！不管是否狗改不了吃屎，不管这是不是一个打击，我还是坚持做自己，我还是要享受每天的晨光、每天孩子们稚嫩热情的问早，那可是我一天的活力来源哪！

而且继续下去，我才有机会扭转一切。

未来就算冲锋陷阵，伤痕累累也罢，或是放手一搏，却落得铩羽而归也罢，至少我可以无悔、无愧地说："我打了一场美好的仗。"

破蛋啦

"宏仁中学今年有两名学生考上第一志愿，是捡到狗屎运，不小心碰上的。"我实在无法忍受这种屈辱……

基测第一阶段申请放榜，导师佩瑜兴奋地跑来感谢我："这都是您买模拟考卷给他们考的功劳。"佩瑜高兴的心情溢于言表。

我告诉她，是大家的功劳，"但是你这位导师功劳最大。你真的辛苦了"。我说完，她竟哽咽，无法言语。

❀ 经费，包在我身上

记得一开始，我接获台湾教育事务主管部门密函，指学校基测成绩过低，要我们找出原因加以改进。我听到教务主任报告的平均值，诧异到无法言语。

学校没有读书风气固然是主要原因，孩子素质不佳，也是大家知道的，但学校还筛选了两班的人数，利用假日两天，帮他们加强，为何还无法考出好成绩？最佳成绩竟只考到第三志愿的学校。

于是，我开始观察。我发现三年级老师们很辛苦，一边上新教材，一边复习旧教材，还要视复习进度，再自己命题考试。

这样的方式是累死老师，进度又不佳。学生依赖老师的复习进度，除了不够积极外，也无法适应基测考试形态。

因此，我提议要让孩子们参加外面的模拟考试，但老师们拒绝了。

"没有帮他们复习，他们考不出好成绩，会打击到他们的信心。"

"参加模拟考试是要钱的。我们的学生缴不出钱。"

"我们已排好进度了，不能贸然改变。"

…………

我告诉他们，考前就要指导学生自己排进度复习，考完后检讨试题，就是复习。再者，让孩子知道基测考试的形态，即使考砸了，也知道外面的竞争力就是如此。

与其在基测后伤心，无法挽救，不如现在让他们提早面对现实，在难过后，还可以擦干眼泪，继续前进。

"至于经费根本不用在乎，我会想办法。"我豪气干云地说。

他们讨论后，还是决定拒绝我的提议，还委婉地说："校长，我们这边的学生不比你们那边的学生。"

在那一刻，我清楚了。他们依然没有接纳我是他们的一员。

我依然隶属于以前服务的学校。

✿ 书局老板的赞助

不过，我没死心。我心想，你们不参加考试，那我去买试卷给你们。为了怕浪费，你们一定会让学生做做看。只要学生多做几回，我的目的也就达到了。

于是我回到南投时，自己跑到书局去订购。

老板问清楚来意，很爽快地说："我赞助一回。"

那时，我拿回考卷，第一个就是先找佩瑜。她年轻，接受度较高。从她开始，后来其他老师也陆续接受。

因此，她班上一开始便有两名学生考上第一志愿，她立即来感谢我："校长，你的看法没错！"

那天，学校的气温一下子升高了，大家热烈讨论，学校弥漫着兴奋、喜悦的气氛。下午，家长会会长也兴奋地邀了一些朋友来我办公室喝咖啡，其中有一位是另外一所学校的家长会总干事。

我们会长喜形于色地说起宏仁中学要从他当会长开始改变了。

乡土味且兼具江湖气概的会长大概高兴过头了，开始对另一所学校的总干事下战帖："哪一年，我们赢过你们，我就要在埔里摆桌庆祝。"

另一所学校的总干事，不甘示弱地开始与我们会长唇枪舌剑，字字句句都是瞧不起宏仁中学，看扁宏仁中学。

我本来不想理他们，但看他们两人的音量愈来愈大，我只好转移焦点地问大家要不要换喝茶。

会长一听到我问话，马上把焦点转到我身上。

❀ 我一定赢——过——你

"你知道我们校长是从哪里来的吗？是升学率最好的学校耶！"我当场整个愣住了，仅能以微笑带过。

对方听到会长这样说，轻蔑地表示，神仙也救不了宏仁中学。

今年有两名学生考上第一志愿，是捡到狗屎运，不小心碰上的。第一年当校长就想带这所连社区都不支持的学校赢过他们，门儿都没有。一辈子都是妄想。

"福建，等到恁孙来读，宏仁还是没办法赢过我们的。"

会长听得气到语结，脸都涨红了。

"总干事，我看你算错了噢！不用那么久噢！只要我李枝桃在宏仁待四年，我就要让你刮目相看。若让我待八年，我一定赢过你。"

总干事听到我坚决的挑战话语，看得出表情有些错愕，但他仍嗤之以鼻，挥手说不可能："李校长，你最好不要乱讲话。"

我赶紧向他道歉，说我说错话了。

他高兴地说："就跟你说，不要乱讲话。"

"对不起，我真的说错话了。我干吗那么没志气，要说那么久。我应该说两年，我就要让你刮目相看。若让我待四年，我一定赢——过——你。"

会长高兴地鼓掌，我眼神射出两把愤怒之剑，心里好似有两大缸水被我打破了，水倾泻一地，大缸也破得四分五裂。

回不去了！回不去了！

我挺直腰杆。

为退休老师办欢送会

5名老师即将退休，我询问人事主任学校过去的做法。他告诉我，只有红包5000元。"红包5000元，就这样吗？"我提高了声调，人事主任听得出我的不满意。

"校长，这是我们学校有史以来最温馨的欢送会，谢谢你帮我们办这个欢送会。"即将退休的施瑞华老师，感激地握着我的手说谢谢。

她那几年前也从本校退休的老公冉老师也在一旁称谢，并说这是学校第一次为退休老师办欢送会，而且还是校长出的钱，更令他们这些已经退休的人既羡慕又嫉妒。

我要他别客气。看到大家尽兴的模样，一切都值得了，出点钱算什么。

"对你来说也许没什么，但对宏仁来说，这是第一次有这么温馨的餐会。"冉老师如此感慨。

❀ 5000元红包

"5名老师要退休，学校一向都怎么办欢送会？"两天前，我跑到人事室询问。

个头小小、一头白发的人事主任，是学校老师很肯定的主任。每个人说到他，都赞赏有加，但大家赞赏的其实都是人事主任基本该做的。

有一回，我脱口而出，说大家所称赞的都是人事主任基本该做的，老师们点点头，但回了一句让我听到都觉得心酸的话："基本该做的有做到，在我们这里就是超优秀、超难得的。"

我不晓得之前的人事主任如何，但这位人事主任就跟我遇到的所有人事主任一样，在自己的岗位上认真尽责。在我来宏仁中学后，他给我相当多的建议，有时候还会适度提醒我学校有哪些地雷。

四平八稳的他，思虑较多，做事不快，但周详。每天，我会到他与主计主任共用的办公室，喝一杯他泡的茶，听他说学校的历史，因此针对5名老师即将退休，我才跑来问他过去的做法。

他告诉我，只有红包5000元。

"红包5000元，就这样吗？"我提高了声调，人事主任听得出我的不满意。

他立即解释道："校长，不是每个人都有钱，也不是每个人都愿意花钱。再说，也因为不确定哪一年有几位老师退休，万一一下子太多人退休，大家就必须缴交一大笔钱来买纪念品，因此才开会讨论每一位退休老师都给予5000元的红包。这5000元，再由所有老师分摊。"

"我不是指钱数的问题，而是有没有办个欢送会来欢送他们？"

人事主任摇摇头："那必须要有行政人员肯做呀！"

他这一说，我懂了。

❀ 我要自己出钱

那天，我回到家，便去找我的朋友丽青。她除了开一家面包坊，也帮忙办外烩。她听到我要自己出钱，帮忙办欢送会，露出不可思议的表情。

"我要把学校经营成一个大家庭。我要让大家知道宏仁是充满爱的地方。"我如此告诉丽青。

我拜托一些老师，把这五位即将退休的老师在宏仁中学的相片找出来，制作出大海报，张贴在会场四周。

当这些退休老师进入会场，接过同事献上的花，再看到海报中年轻岁月的自己，时光刹那流转。在那一刻，往事如海潮澎湃地涌上。谈起过去既往，是痛苦也罢，是惊险也罢，或是压力也罢，都在亦笑亦泪中，浪平了，水静了，只剩一轮明月映照海上，粼粼波光中，只留一叹。

我拿着饮料，站到外走廊。从外面看里面的场景，是我最喜欢的事。

我喜欢办活动，喜欢办让人家感动的活动，然后在活动中自己跳开，站在外围欣赏，就像导演看着自己的杰作一般。

❁ 许久没有这样融洽的感觉了

"校长，你在这里呀！"训导主任来到我旁边。

他说，很感动我做的一切，因为不只是对退休老师有情有义的表现，重要的是大家在一起聚会，"许久没有这样融洽的感觉了"。

我很惊讶他会这么说，因为我来了近一年，我看到的他是一个老古板、守旧且严谨、不太与人和善的人。

前些时候，为了毕业典礼，他坚持要传统的行礼如仪，要摆出孙中山遗像，让大家行三鞠躬礼，还要一串的贵宾致辞等。我说："毕业典礼的主角是学生，不用哗众取宠，但也不要严肃到令人乏味。"

或许，我在三年级老师面前说这些话，让他觉得没面子吧？

他竟不客气地说："那大家就依校长所要的去讨论吧！"

我当场跳脚，严厉地回他："请把话听清楚。主角是孩子，不是我，也不是老师，更不是你，好吗？"

他被吓住了，语气才变和缓地与老师讨论下去。

后来训育组组长语婷设计了一些感人的桥段，让孩子们时而哭，时而笑，毕业典礼的流程顺畅、温馨。

我足足夸了训育组组长好几天，但我却看不到训导主任的笑容，所以我以为他喜欢严谨、拘束。

❁ 我一定会帮你当的

他开始说起了自己担任训导主任处理过的一些事情，也感叹宏仁中学有一大段停滞的时光。

在叹一口气后，他突然感性地说："校长，你是年轻一辈的人，你一定有你想做的事，可能需要年轻人来配合你。你去找新的训导主任吧！找一个可以配合你的步调的人来当吧！"

我诧异地看着他，还没回神，他又再说下去："不过，"说了这两个字，他眼中带着得意的神采看着我，"我想，你是找不到人愿意当训导主任的。"

他又停顿了一下，然后以很豪气的语调说："你找不到再告诉我，我再帮你当吧！"

我激赏地看着他："哇！您真是令人敬佩呀！愿意在退休前的这几年，让年轻人来当，利用您还在校，由您当顾问来培育新人，您真是太大气，太令人敬佩了。我一定要在校务会议上，把您的想法说给大家听，大家一定会很感动的。"

他点头答应，眼神尽是一派得意。

走的时候，他还再提醒我一次："你找不到，再告诉我，我一定会帮你当的。"

当晚开着车回家，我摇下车窗，让晚风把我的头发吹散了，心里的郁闷也跟着散了，那晚的夜色好美好美。

上辅导课的风波

一名家长以有威严的大音量问我："听说你要所有学生都上第八节辅导课，是吗？"我想该来的还是来了，果然有家长反对。

"我要在校务会议上，恳求大家，帮孩子们上第八节课。不管老师是不是很不爽。"我与云聊到这件事。

她笑说我以前老说孩子上太多课，应该让孩子跑一跑、跳一跳。"怎么换了位置，就换了脑袋？"

我苦笑着告诉她："地域不同，学生家庭背景不同，我的确必须换一个脑袋，不然会帮不了孩子。"

❀ 老师们的奚落

一开始，我到宏仁中学便发现有许多学生抽烟、打架。四点放学后，因为他们没钱到补习班上课，家长又忙于工作，没回家，所以他们不是躲在围墙边、巷弄里轮流抽一根烟（因为穷），便是在电动玩具店，站在一旁，看别人打电玩（还是因为穷），再不然便是成群结队在马路上晃。

看到他们早早放学后的这般情况，我便提出来希望把孩子留到五点钟，但受到老师们奚落，要我别把以前的坏习惯带到宏仁中学，后来找了彰化师范大学的教授，利用周末假期来帮孩子进行补救教学。一学期过去，大家都看出成效了。

因此，我在校务会议上诚恳地请求。我告诉大家，宏仁中学的每个学生都是我们的孩子，我们不能老请外人来带。

彰化师范大学的教授有情有义地带了一学期，无论是人力或资源上都已给我们太多，该是我们要自立自强的时候了，然后，我结结实实把另一所学校家长嘲笑我们的事情讲给大家听。

❀ 你们怎么能忍受

"我这个外来的人都受不了了。你们本地的人，怎能忍受他人羞辱？你们怎能忍受去买菜时，遭人批评：'你们宏仁好烂！'"

我看到大家无言，于是激励大家："我们埔里有三所中学，不要老甘愿当老三了，我们拼拼看。如果能赢过其中一所学校，我自己花钱，请全部教职员工两天一夜旅游。明年此时，我们到外地庆功。"

我以为他们又要反对，但我说完，询问大家有没有意见，底下一片静默。

然后我看到一位老师举手，是周玉明老师。他是一位语文老师，有很高的中文造诣，说话慢条斯理得像个老学究："校长，我有一个建议。"

我心想，终究还是有人有意见。没关系，我见招拆招吧！

"我的建议呢，就是校长这么和蔼可亲，我们在开会时坐得太远了，应该离校长近一点。"

他说完，我整个人只能说有些傻眼，不过，会场上响起一片笑声，会议也在愉悦气氛中结束。

❀ 我最头痛的问题

结束后，我又请朋友再送外烩来，让大家边吃边聊天。

"校长，我们的孩子习惯四点放学，不习惯上那么多的课。上第八节课，等于是白上。"有人跑来与我这么说。

我说："他们即便只背一个英文单词、一首诗，一个月就记住22个英文单词，或22首诗，怎会白上？"

"他们根本缴不起费用，辅导费从哪里来？"有人提出一个最关键，让我最头痛的问题。

我笑一笑，乐观地回答他们："一学期结束才结算辅导费。我会想到办法的。"

"你不怕家长告你，说你硬要他们留下来吗？"也有人为我设想，提出这个问题。

我说："只要家长知道我的用心，应该不会反对。而且，我并没有强迫，只要有理由、有原因的都可以不用留下来上啊！最重要的是，我不收钱，让他们上课，领导如何惩处我？应该是奖励我吧！"

我见招拆招的回答，让他们不再有问题，大家终于决定都留下来协助学生，不分彼此。

❀ 为钟点费伤透脑筋

教务主任很是高兴，但他还是提醒我："钟点费很惊人噢。"

那天晚上，我与丈夫商量："让我拿房子抵押贷款，我想测试一下人性。如果我把老师的钟点费放在红包袋，亲手交给老师时，诚恳地说：'××老师：这是您的钟点费，我去贷款来的，请收下。'他们看到我颤抖的手，收得下吗？"我对丈夫说出我想象的那个画面。

他笑我一番，并说老师上课拿钟点费又没错。"噢！校长，你辛苦了，谢谢你噢！""如果老师们都这么说，你该如何？"丈夫抛了一个问题给我。

"噢！对噢！我倒没想到这个。没关系，我就先找几位正直之士，先跟他们套好招，当我拿给他们时，让他们大声喊：'校长，这怎么行？这怎么行？怎么让你贷款给我们钱？宏仁的学生都是我们的孩子啊！我们拿钱就太没爱心、太不道德了。'"我又演又说，让丈夫笑翻了。

"这样一嚷嚷，谁还敢拿钱？"我是如此肯定。

❀ 天大的误会

孩子如期上第八节课了，也没老师再抱怨上课的事情，看似一切平静，但两个月后，我便接到了电话。

一名家长以有威严的大音量问我："听说你要所有学生都上第八节辅导课，是吗？"

我想该来的还是来了，果然有家长反对。

我本来冷静地回答他："是的，对不起，我必须留下他们。"

但讲完这几句话，一股气上来，我居然上火了，忍不住开始分析学校孩子的情况："他们只会在外面晃荡，浪费时间，家里又没像样的书房读书。你不觉得让他们留在学校，多少可以读点书，对他们是好的吗？"

我大气没喘一下，继续说下去："你不知道我得为他们的辅导费贷款，多头痛吗？没关系，你要去台湾教育事务主管部门告就告吧！我让大家评评理，哪一所学校是由校长贷款给学生读书，还遭家长反对的？"

我噼里啪啦讲完，一股气才发泄光。对方停了几秒，才悠悠地说："我就是觉得你做得很对，所以才打电话要告诉你，我们要赞助你经费。"

他说完，换我停顿了几秒。

"请问您是哪个单位的？"我转换了温柔的声音，并惊喜地感谢他。

原来是社区的地母庙董事长听闻我的做法要出手相助。老人家耳力较差，声音较大，我误以为是来找碴儿的。

真——真是误会大了！

董事长夸我做了正确的事。

从那一天开始，宏仁中学贫穷的孩子接受地母庙众神的帮助。

那一天，我得意地告诉丈夫："我获得帮助，不用贷款了。"

他问："是哪个好心人？"

阿弥陀佛！是神啦！

他们是"乱源"吗

> "今天，我到某校共同处理跨校的学生事务，他们居然嘲弄说：'宏仁中学没有男人吗？怎么找你当训导主任哪！你会处理吗？'"

"校长，你确定要用我吗？"

第一学期结束，辅导主任退休。我找淑娥来接任时，她便问我这一句话。

我点点头，很确定地说："没错。"

她第二句话是："可是我没经验耶！"

我告诉她，没有任何一个人一开始就有经验的。

我笃定地告诉她："我可以教你。"

一个学期过去，证明我没看错人。

✿ 大胆起用"乱源"？

现在，我要她换跑道，接训导主任。

她还是问我这两句话，我也是很笃定地告诉她："我可以教你。"

一位也在教育界的朋友曾经好意地告诉我，在宏仁中学有哪些人意见特多，是学校的乱源。

我告诉她："有意见是好事，代表有想法；敢表达更是好事，代表有热忱。"我最怕的是那种乡愿型的人，更怕的是表面温和、没意见，背地里却搞三拈四，以破坏为乐的人。

那时，那位朋友给的名单里便有淑娥这一号人物。

我到宏仁中学后，会利用巡堂时间，经过老师办公室，然后进去与大家聊聊，借以观察他们，了解他们。

我发现"乱源"名单中的那些老师，居然都是非常优秀且深孚众望的人。尤其是淑娥，个性低调、认真负责、不推诿、不卸责，是难能可贵的行政人才，因此我不假思索地请她担任。

有人劝我要用一个毫无经验的人是件很冒险的事，我却认为有行政的人格特质且愿意学习的人，更胜于那些有经验，却把它当成做官，毫无热情的人。

❀ 众人错愕

"校长，你在校务会议上宣布，淑娥担任训导主任时，大家都有些诧异，尤其是训导主任更诧异。"有同人告诉我他所听到及观察到的现象。

我脑海里，立刻浮现出训导主任得意的神情："我想，你是找不到人愿意当训导主任的。""你找不到再告诉我，我再帮你当吧！"

我可以想象，他一定相当错愕。现今大家都不愿意担任行政工作，尤其是担任训导主任，更尤其是宏仁中学的训导主任。连男人都不愿意担任时，竟然跑出来淑娥这个小女子有勇气敢担任，他自然错愕到无以复加。

因此在会议中，我大力夸赞训导主任张主任愿意在退休前，担任顾问的角色，协助培训新人。如此大器，让人折服。

我请大家给他最热烈掌声时，他站起来答礼，脸上的确有骄傲、得意的表情，但这表情下似乎也藏着些什么，感觉怪怪的。

"或许在为淑娥担忧吧！"我是这么解读的。

果真没错，张主任为淑娥担忧。

"不要让她被吓到了，折损了一名训导人才。"所以在尽可能的情况下，他几乎不加推辞地帮忙到底。

"校长，你以前也是训导主任出身，你应该知道女人要当训导主任比较会受到质疑，不好当啊！所以我更应该帮助淑娥。"当我感谢张主任时，他很感慨地说了这番话。

他的话一点也没错。女人担任辅导主任，似乎没人会怀疑，但担任训导主任，便要受到许多不信任的质疑。

❀ 平息嘲弄的最好方法

张主任说完没多久，淑娥就受到挑战了。

"今天，我到某校共同处理跨校的学生事务，他们居然嘲弄说：'宏仁中学没有男人吗？怎么找你当训导主任哪！你会处理吗？'"

一天，淑娥从某校回来，说起遇到的这件让人听了都义愤填膺的事。

旁边的同事纷纷为她打抱不平，她却依然一派悠闲自在。

"别急！别急！"她要大家继续听下去。

淑娥开始说她处理的经过。从问话、了解事情始末，到两校协商、家长恳谈，达成共识。

她一边说，一边看我的反应。说完后，问我的看法。

"他们应该要开始找女人当训导主任了。"我说出这个结语时，大家都笑翻了。

我看到淑娥眼中有一抹骄傲。

"不过，下一次，你不要太客气。今天要我遇到了，我就会这么回他：'因为我知道你们不太会处理，所以我来处理给你们看。看好！多学学呀！'"我教淑娥如此回答。

她耸耸肩："校长，我不敢这么说，那么犀利的话，只有你有本事讲。你才有那股霸气。"

她一说完，大家看着她，不敢吭声。

我故意抗议地说："我很和蔼可亲的。"没想到我一说这话，大家又笑翻了。

那天，我回家，在镜子前足足照了一小时，问着："魔镜，魔镜，谁是世界上最霸气的人？"

我看到了自己。

❀ 真正的乱源

"听说你让那些有争议的人担任行政人员，他们行吗？"曾经提醒我的那位教育界人士后来问起。

我告诉她，这些老师有多优秀，有多认真！

她很诧异地问我："你怎么敢用这些'乱源'？你不怕吗？"

其实，我发现我们身旁总有一些"好心的人"给予"好心的建议"。这些建议或许会造成一些成见，阻挡我们看到真相。因此，我通常对这些建议持保留的看法。我总想：每个人用人的方式与准则是不一样的，或许有些人不喜欢意见太多的人，但我却喜欢；有人不喜欢不合逻辑的做事方式，我却喜欢不按牌理出牌。所以，我笑一笑，不想与她再说下去。

"我跟你说，你们学校有一位老师……"

她又要再说另一个人，我制止她再说下去。

"就让我自己去发掘乱源吧！"我这么对她说，但我心里清楚真正的乱源在哪里。

它在你的心里，它在你的舌头里。

办理舞蹈比赛

淑娥当时问我："司法文书写明我们不能拒收，怎么办？"我告诉她，这样的孩子绝不能拒收，他不能再承担被拒绝的人生了。

"校长，我们为什么要承办全县的活动？会忙死人的。"

总务处提出他们的质疑。

❀ 背后的苦心与用意

记得一开始教育局社教课课长询问我，能不能协助办理全县舞蹈比赛时，我二话不说，立即答应。

我答应的原因，不在于拍马屁，更不在于贪着记功、嘉奖，而是一个重大的原因——趁机要求礼堂设备的更新。

"这是全县性的比赛，而且又都是聘请教授来担任评审，舞台上的布幕破旧不堪，应该换一换才好看吧！不然很丢脸耶。"

我一提出这些需求，课长有一种上了贼船的为难："那要花多少钱哪！"

"反正迟早我也会向县政府请求协助更新布幕，不如你先让我们更新。我可以帮你办三年比赛，而且是保证有水平、服务周到的比赛。"我极力说服课长，她终于点了头。

❀ 退休老师"返校服务"

总务处知道后没话可说，但教务处却担忧调用老师担任工作人员，会影响到教学。

"除了训导处几位行政人员外，我不会动用任何老师。"我这么承诺。

"校长，我们才三位组长，怎么办这么大型的活动？"训导主任也担忧了。

我向她眨眨眼，要她放心。

其实，在我答应办理比赛后，我便拜托退休的琼香老师，帮我邀请所有宏仁中学的退休教职员工到校联谊。

我准备了一些茶点，并趁机报告改造宏仁中学的计划。

"如果说我需要各位回来帮我忙，让宏仁再度发光。你们又可以阐扬退休精英风华再现的真谛，各位愿意回娘家帮帮忙吗？"

宏仁中学退休教职员工的热情出乎我预料。一个个不但点头答应，还感谢我愿意给他们机会"返校服务"。

因此，我要淑娥针对退休老师特性安排报到组、计时组、播音组、场布组、环保组、计分组、颁奖组……然后进行彩排、预演。

大家兴致高昂，从出场到退场、从叫号到计时，一项项彩排、订正。这些退休老师求好心切的表现，让我感动莫名。

"我们宏仁第一次办大型比赛，不能丢脸。来，再预演一遍。"冉老师一喊，大家又开始精神抖擞地彩排。

❀ 自费买POLO衫

看他们如此认真，务求尽善尽美，我也想到，为了让参加比赛的人员，能立刻辨认工作人员，我自费买给每位工作伙伴一件POLO衫，还请美术老师昭伶帮忙，在衣服上设计了一个红运当头的标志。

期望宏仁中学"宏运当头"哇！

比赛当天，这些加起来1000多岁的工作人员，惊艳全场，大家都在问：

"他们是谁？义工吗？怎么这么专业？"

"校长，大家都在问我们是谁，是哪来的家长义工。"

充满活力的美圆姊，完全看不出已近60。她得意地告诉大家："我们是退休精英。"

"教授知道我们是退休老师，都很佩服噢！他们说我们是历届最优秀的工作人员。"邱正己老师很是得意。

大家你一言我一语的，个个活像年轻小伙子、小姑娘般，兴奋得很哪！

❀ 明年还会再来

第一天比赛顺利结束，我们请评审教授及工作人员吃晚餐，大家聊得好高兴。

"南投县路途遥远、评审时数最长、给的评审费又最低，许多评审一听到南投县邀请，都拒绝的。但如果南投县明年还是由宏仁中学办理比赛，我们明年还会再来。"李英秀教授豪迈地许下承诺。

教育局课长很好奇地问为什么。

"因为感动。"李英秀教授此话一出，大家都频频点头。

他们感动于事前的提醒很周到，"要不要到火车站接送？几点到？需要准备晚餐吗？"热情的询问，让他们有了期待。

前一天，他们从台北到埔里，历经近五小时的车程疲累，进入饭店。乡下的饭店除了清洁、干净外，本就没什么可令人期待，但他们进入后，疲累尽失，因为"房间梳妆台上放着一张精致的卡片，有温馨的问候与欢迎，卡片旁还有一小碟点心及水果。除此之外，竟然还有校长精选的小礼物。啊！真是惊喜连连！"麦秀英教授很是感动地形容。

第一天比赛，看到退休老师精神抖擞回校服务，每个人都笑眯眯的。"是最没有肃杀气氛、最快乐的比赛场。"李英秀教授说到我们的服务及贴心处，让他们感动莫名。

我说那些都没花到钱，因为都是家长及朋友提供的。

"你办活动，我赞助。"我的朋友们及家长就是这么说的，他们赞助的热情也让我好感动。另外，也多亏饭店肯帮忙，让我们先进去布置，才能带给入住的教授惊喜与感动。

❋ 多少年没叫过妈妈了

"对了，今天在会场帮忙拖地的那名小男生，好可爱噢！"

麦秀英教授一提到阿雄，李英秀教授也赶紧呼应："对呀！你们知道吗？他拖地时，还偷偷对我比了个'耶'的手势，看到训导主任的眼神，才赶紧拖过去。"

我听到她们形容，忍不住笑了出来。"训导主任是他的阿母哇！他最听主任的话啰！"

我说起阿雄的故事给他们听。阿雄有一兄一姊，在阿雄就读幼稚园时，亲眼看到父亲杀死了母亲。父亲被抓后，叔叔及阿姨都因为家境不佳，无法抚养他们，他们被送到孤儿院。

到孤儿院后，因为不适应，他们三个兄弟姊妹常常与他人争吵，甚至打架。可能是为了避免他们再吵下去，他们三人被分送到不同场所，但这样做，并未能让他们安静下来。

阿雄开始闹事、打架。借着打架，他发泄自身的怒气与对社会的不满。他因为闹事就被从一个单位换到另一个单位，今年他被送到我校来了。

淑娥当时问我："司法文书写明我们不能拒收，怎么办？"

我告诉她，这样的孩子绝不能拒收，他不能再承担被拒绝的人生了。

那孩子进来后，淑娥让他到训导处担任小义工。表面上是给他荣誉心，实质上是就近看管。

阿雄刚来时斜眼看人，没有自信，又充满愤怒，但跟着淑娥，跟着大家呼叫淑娥"郑妈"，他慢慢改变了，脸上的杀气愈来愈少了。

"有一回，我问他：'你叫郑主任妈妈，也叫我妈妈，我们有没有不一样？'你们知道他怎么回答吗？"大家听到这里，很好奇地问我答案。

"他说：'你们一个是乡下妈妈，一个是都市妈妈。你是都市妈妈，你比较漂亮。'"我一说到这里，大家都笑翻了。

我得意地说："当场我就告诉阿雄：'聪明，你真的很聪明，将来前途无可限量啊！'"大家一听笑得更厉害了。

"这样的孩子，多少年没叫过妈妈了。现在都把训导主任郑淑娥当成妈妈，跟前跟后的，而且更妙的是，他后来不跟着大家叫郑妈，都叫淑娥'阿母'。一声声阿母、阿母，仿佛要把十年没叫的都补叫回来，听来很亲切，但也很伤感。"

我说到这里，淑娥已然红了眼眶，许多退休老师及教授也跟着感动、哽咽。

❀ 把自己的费用捐出来

第二天比赛结束，圆满落幕，李英秀教授偷偷把我叫到一旁，"这是要捐给学校的一点钱，你处理"。

她把两天的评审费原封不动地要捐出来。

我在推辞之际，麦秀英教授看到了，也把自己的费用拿出来捐。

两袋评审费、两位贵人、两份恩情，还有满满两份支持的力量。

在挥手告别时，他们打开车窗大声说："明年我们还会再来。"

学校列队欢送的同人也大声呼叫："明年再见，一定要再来噢！"

我在心里也呼唤着："请你们明年一定要来。我要让你们看到不一样的宏仁。"

两年后，我写了一篇《阿雄的故事》。

阿雄的故事

前年，我学校接受了特殊单位转来的一个孩子，这个孩子的父亲因为吸毒杀死孩子母亲而入狱服刑。他从幼稚园开始便被送入特殊机构，或许因为这样的背景，他急需别人的关爱，但因为他以暴力或其他不良行为来吸引人注意，反而让他成为机构的头痛人物，而被送来送去，当他被送来我的学校时，已经数不清是第几所学校了，不过他来到我学校后却完全改变了。

我观察他改变的原因在于：他很幸运地有两名非常有耐心、爱心的社工在关心他，而让他逐日改变最重要的人，是我学校的训导主任。我的训导主任具有母亲的特质，她叫学生"孩子"，而学生也直接喊她"阿母"或"郑妈"，这个称呼对这个从幼稚园起就没喊过妈妈的孩子特别有意义。

充满爱心的郑主任经常带他做义工，从工作中鼓励他，关心他。他喜欢绕着主任喊一声声"阿母""阿母"。他参加体育社团，体育组侯老师也给予他期许，鼓励他参加比赛，争取加分，进而进入高中或高级职业学校就读。就这样，两年下来，他在学校中只有奖励，没有记过。

这个孩子告诉我，他的阿姨看他改变，决定要资助他读高中。他表示要用功读书，考上高级职业学校，以减轻阿姨的经济压力。他很高兴有人要接他离开机构，喜形于色，并说出了他的感慨："校长，我以前为什么那么坏？来宏仁后，我就变了。""因为你生活在爱的园地呀！有你的社工干爹关心你，阿母主任爱你，还有那么多的老师都说你好，你当然会变哪！"他听了我的回答，正吃着我请他吃的麻薯，不知是噎着，还是感动，他咳得眼泪都流出来了。

想想看以前的陈进兴，许多人说，如果社会少一个他，就可以省下几亿元的社会成本，因此，我们站在教育第一线，都战战兢兢地努力关心孩子，只是我们没有那么大的力量，可以改变孩子们的家庭或是社会的形态，但如果能集结大家的力量，一定可以带给孩子帮助，进而改变他们的一生。

这学期，我在校园中垂挂了许多大布条，上面只有几个大字："我能做什么？！"每天学校的师生都在问，这要做什么，来运动的民众也一样问。

其实，答案就在自己心中。我能为自己做什么？我能为他人做什么？我能为社会做什么？……想想多少家境悲惨的孩子，可能存在于社会的许多阴暗角落里，我们能做什么呢？

把"仓库"变成图书室

帮忙设计图书室的学弟说:"学姊,30万已是最少的了。"我摇摇头,告诉学弟,必须少一个零。

上回,做好木头阶梯,孩子们便一直问我,还要做什么。

即使,我让他们休息休息,他们也不愿意。在他们毕业前,还做了休闲桌椅。

"三年级的学长毕业前有做阶梯、休闲椅,现在换我们变成学长了,我们也想做大件的东西。"孩子们来跟我要求。

"好吧!既然你们想做大件的,这件一定是有史以来超大件的,就怕你们做不了。"

孩子们听到我叙述的,眼睛睁得好大、好亮,一副"我现在要出征,我现在要出征"的模样。

"校长妈妈,你不要瞧不起我们。我们毕业前,一定做给你看。"他们很慎重、坚决地许下了承诺。

❈ 深深的挫败感

我带他们到行政楼一楼挂着"图书室"牌子的教室看。他们都说这是置物间,是仓库,根本不是图书室。

孩子的谈论让我感慨万分。

我到宏仁中学当校长后,一直期许自己能当一名具有人文素养的校长,更期许自己要将艺术、人文的种子撒在校园里，因此生活教育及各项活动几乎都围绕在这个议题上，但这样的主张，却因图书室而有着深深的挫败感。

学校的图书室位于行政大楼的入口处，面对绿油油的草地，配上400米红土跑道的大操场，原是绝佳的位置，但图书室却俨然是个杂物间。

老旧的铁制书架除了摆放毫无章法外，还摆着无用的办公铁柜、多年的段考考卷等，因为杂乱，所以见不到师生在里面阅读的画面。深锁的窗户，让图书室成了学校的阴暗角落。

"校长，学生又不会去里面借书，为什么要花钱整理图书室？"当我提出要整理图书室时，便有老师如此提醒我。

"要整理，恐怕要花很长的时间不说，学校也没有经费。"也有老师提出这样实际的困难点。

我以"没有一个好的图书室，就没有文化"为主轴让老师明白，提供一个良好的阅读场所是学校的责任，再以"没钱，就以双手来克服困难，师生亲自打造家园更有意义"，激励老师们一起想办法，解决困难。

为此，我特地找了一名学建筑的学弟，请他帮我设计。

❀ 必须少一个零

"设计的重点是可以让我们选修木工的孩子做得来的，而且不能花太多钱的。"

学弟说这是他遇到过的最难的设计案。

"学姊，30万已是最少的了。"

我摇摇头，告诉学弟，必须少一个零。

学弟把图交给我，祝福我在离开宏仁中学前可以完成。他认为这是天方夜谭。

"宝贝，能把仓库变成图书室，你们就能在宏仁的历史上留名了。要不要试试？"

孩子们想了想，你看我，我看你的，最后都用力点了头。

于是，我们决定由老师们利用课余时间，或班会剩余时间，带领学生先整理杂物。让书架归定位后，终于有了雏形。然后，再由三年级技艺职群选修木工的孩子们负责钉木板，强化铁制书架两侧，并制作阅读桌。

"问题是，校长，你坚持要用柚木原木，那很贵，我们没钱。木头从哪里来呢？"金丰说要指导学生制作不成问题，真正的问题还是金钱。

我笑一笑，说："那不是你该烦恼的。"

❀ 图书室里有我们的汗水噢

我想到以前到埔里小学演讲时，有一名家长来找我询问亲子问题的解决方法。花费了近一个月的时间，我协助他们改善了亲子关系。

当时他们提过是做木工家具及各项木器品的，于是我打了通电话，希望借由他们大量购买可以比较便宜些。

"校长，那不可能的，中学学生怎么可能做得来？"

尤董事长一听，马上笑着说，怕浪费了木材。

"等我们做好后，一定请你来看看。"我要他别笑在先，因为我绝对会让他瞠目结舌的。

"校长，你对学生很有信心噢！"尤董事长这么说我。

"孩子值得我们等待。"我笑着与他相约见面的一天。

孩子们除了上选修课程出来做外，还很认真地利用下课及午休的时间到木工教室"加班"。

"校长，图书室里有我们的汗水噢！"不爱读书，但做木工却一流的孩子，在锁上书架螺丝钉后，如此骄傲地对我说。

我点点头告诉他："这是你一辈子的骄傲噢！"

一个孩子故作老气地说："校长，你说我们学校像大家庭，现在我们亲手打造我们的家园耶！"

其他的孩子听到都高兴地笑了。他们的笑容里，有着一般学业低成就的孩子脸上见不到的骄傲。

花费几个月的时间，我们的图书室终于整治完成。

❀ 孩子有无限可能

大家雀跃地说，我们有全世界最有气质、最美丽的图书室。当然，我们知道绝对比不上他校的华丽，但因为是师生亲手打造的，所以它在我们心中风华绝代。

"来帮孩子们办一个启用典礼吧！"我开始寻访社区资源，不做募款，只谈借用艺文作品配合展览。

社区人士知道我们的用心后，有人捐助窗帘，也有人捐出雕刻、书法、绘画等作品。另外，我也一一邀请社区民意代表、学区小学校长、平面媒体及地方电视台记者们，当然也邀请曾经质疑的尤董事长，"请给孩子鼓励，对他们说一句：'你们好棒噢！'"大家一听，都答应一定会来。

"校长妈妈，我们不会说啦！"孩子知道我要他们当解说员，还要他们接受访问，吓坏了地说不敢。

"这是你们做的，只有你们懂。当然要由你们来说，不用怕。讲错了，也没人听得懂的。"我开玩笑地给他们信心。

"这怎么可能？"尤董事长原本带着怀疑的心情来参加，但当他来到现场触摸着书架及书桌，频频说："怎么可能？"

我回他一句老话："孩子有无限可能。"

我看到正接受地方电视台访问的阿力。平日站三七步，永远不会挺直腰杆的孩子，此际却站得挺直，还努力、正经八百地说："我很高兴参与整理图书室的工作……"

四周的宾客用惊讶的声音，夸赞着在解说的孩子。刹那间，孩子个个文质彬彬。他们变了，真的变了。

我看着、听着，眼圈红了，泪就这么掉下来了。

❀ 我的名字叫"宝贝"

"各位，请坐下，我有一份礼物要送给这些孩子。"

宾客们听到我招呼都坐下来，孩子们也兴奋地聚过来。我开始播放我为孩子们制作的简报《我们的故事》。

我们的故事

有些人叫我们是后段班学生，

也有些人叫我们是技艺班学生。

或许口气中有些歧视，

或许语气中有些可怜。

有人认为我们功课不佳、学习力差，

有人认为我们品行不佳、有中辍之虞。

大家谈起我们，

唉！都认为我们是学校的边缘人。

但是我们真的一无是处吗？我们真的是学校的痛处吗？

请看我们的故事。

我是谁？我是谁？

你看我有多酷！哪一个中学生会木工？

哪一所中学的图书室是学生整修完成的？

拿着工具，我们仔细地用原木整修破旧的铁书架，

敲敲打打，将常年失修的书架换上新装，

钉上钉子，挂上图画，

图书室的生命在我们的手中苏醒。

我是谁？我是谁？

你看我多帅，我是一个艺术师。

我用我的手，用我的心，

把我的世界装点得缤纷多彩，

把我的青春挥洒得亮丽耀眼。

我大声地欢笑，

我尽情地奔跑。

在宏仁的大家庭中，

你可以不知道我叫阿志、阿仁、阿勇，

或是任何名字。

只要你像校长一样喊我一声"宝贝"，

或像老师一样喊我一声"孩子"，

我都会欣然回答。

但请不要叫我后段班学生，

或是放牛班学生。

请记住，我的名字叫"宝贝"，

我的名字叫"宝贝"。

简报中，有他们整理图书室过程的相片，孩子们一阵阵惊喜。

我念道："在宏仁的大家庭中，你可以不知道我叫阿志、阿仁、阿勇，或是任何名字。只要你像校长一样喊我一声'宝贝'，或像老师一样喊我一声'孩子'，我都会欣然回答。但请不要叫我后段班学生，或是放牛班学生。请记住，我的名字叫'宝贝'，我的名字叫'宝贝'。"

孩子们不是静默，便是哽咽，而宾客中已有人忍不住啜泣。

那一天，大家都清楚，孩子们的名字就叫"宝贝"。

家长会风波

那一天，我对所有行政同人要求："不准向家长会拿钱。我们节俭点，若真需要钱的话找我。"行政同人以为我和家长会怄气，劝我："需要这样吗？"

"校长，你应该带着行政人员，每月向我们家长会报告一次吧！"一名副会长对我提出如此的要求。

我不解地问他："为什么要每个月一次？"

他下巴抬得高高的，很得意、很跩地回我："我们一年捐了二三十万给学校，难道你们不用来跟我们报告吗？"

提到二三十万元，他的气焰立即高涨了起来。

我忍下愤怒。心想他是我宏仁大家庭的家人，他不懂事，我是大家长，就应该教他。

❋ 亲情喊话

因此，我心平气和地分析给他听："在私立学校里，校长必须向董事会负责，所以有可能要向董事会报告，但也不可能每个月报告。我们不是私立学校，你们也不是董事会，所以，依理我没必要每个月向你们报告。其实，就算教育局局长，也不会有事没事找我们去报告。"

我说到这里，他的脸色已然铁青。

我转而改以亲情喊话的方式，继续说下去："我们都是宏仁大家庭的成员，我一直把你们当成弟弟妹妹。我们的目标都是让宏仁更好，让孩子们在学校里可以快快乐乐地学习。谢谢你们捐款助学，你们一定也很想知道学校的状况，才会提出这样的要求。这都怪我没能和你们多互动，因为我要成立各种技艺社团，让学习成绩差的孩子可以学习技艺、技能，所以需要到外面募集物资及经费，一年需要数百万元呢！当然，如果你们可以帮我募集到那些，我就可以不用那么累，或许就可以经常与你们聚会了。"

他睁大眼说："要那么多钱噢！"

我点点头。随意举了几项社团的经费，便让他瞠目结舌。

末了，他不但感谢我为孩子所做的努力，还说要帮我募款。

❀ 用心良苦

那一天，我回到学校，便对所有行政同人要求："不准向家长会拿钱。我们节俭点，若真需要钱的话找我。"

行政同人以为我只是和家长会怄气，劝我："需要这样吗？"

"一般家长会，以为我们只会向他们要钱，或许真的有许多学校与家长会的关系建立在金钱上，因此让他们有那种不佳的观感、错误的想法。我就是想要扭转这种情况，让他们知道，不能因为捐了点钱，就可以对学校无理要求；也要让他们知道，学校不是只为了要钱才找他们。这样子，往后大家才能真正用心相处。"

从那时候开始，我努力地和家长会互动，但从不谈钱，只谈目前孩子们的学习状况、老师们的教学情况，还有校园里的感人事情，更谈我对学校的规划及想法。

"校长，我看学校行政大楼都没有纱窗，家长会来帮忙装一装吧！"一天，会长如此提议。

"不行，那该是我的责任，你们把钱留给孩子们用吧！"

当我回绝后，行政人员很不解我为何要回绝："是他们自己提议的，又不是我们要求的。"

我告诉他们时间未到，我有我的规划。

❀ 我的理念，成为家长会的理念

毕业典礼前，会长来找我："校长，毕业典礼结束后是否该办个谢师宴？"

"对呀！正想拜托你帮忙邀请委员们呢！我已订好外烩，要宴请所有的教职员工、参加的贵宾，当然，还有家长委员们，你们一定要捧场噢！"

我一说完，会长为难地说："校长，怎么又让你花钱？我们的委员已经有人在质疑，为什么一整年家长会一毛钱也没花？九月开家长委员大会时，我们怎么和家长委员交代？"

"那也是，好为难噢！明明你们很用心的，到最后可能为了这个而招致非议。"我装作一副很为他们烦恼的样子，实则心里窃喜：

终——于——让——我——等——到——了。

毕业典礼餐会时，来了许多委员，围绕着我，问该怎么办。

"我认真地想了想，图书室楼上应该整理成阅览室，这样子好了，干脆由家长会找人装修一下。"我把早就准备好的阅览室的装修设计图拿出来。

委员们一看，喜形于色。

阅览室装修好了之后，小型会议都在那里举行，温馨而简约的阅览室成了家长委员会的骄傲。

他们骄傲地说："我们没把钱花在吃饭上。与其吃吃喝喝，还不如把钱省下来，帮孩子，帮学校建设。"

这些话好熟悉呀！原来我说的话、我的理念，已成了他们的骄傲、他们的理念，我高兴得想大叫：

"我——的——目——的——达——到——了！"

❁ 真正的一家人

从那以后，宏仁中学的家长会与我们真正成了家人。我们谈的除了孩子，还是孩子；除了学校，还是学校。

一起奋斗过来的家长委员，一起见证过宏仁中学成长的家长，见面时互喊一声"同志"，或者听到他们喊我一声"大姊"。

我知道当年的努力与坚持，让我获得了真正的家人，一群很棒很棒的家人。

第三章　先做好自己，再求助他人

孩子赢得比赛，却是我烦恼的开始

"疼吗？"我指着孩子因为练习拔河而磨破皮的地方问。孩子摇摇头："刚开始的时候会痛，现在已经不会了。老师说要赢，就要不怕苦，不怕痛。"

这一年，气候很不正常，雨下个没完没了，感觉人都快发霉了。下班时到朋友家喝茶，接到金丰的邀约："校长，拔河队的孩子在林口体育馆比赛，要不要来加油打气？"

我还迟疑未答，金丰已敏感地说："没关系。校长，你忙的话，没关系，我会跟孩子们表达校长关心之意。"

我告诉朋友电话内容。朋友笑着说："我一向铁口直断。你去的话，他们稳拿第一名；你不去，就没希望了。"

第二天，大雨滂沱中，训导主任淑娥载我前去。不是为了朋友的铁口直断，只是为了不让孩子们失望。

路途中，我问孩子们的胜算有多少。淑娥说在南投县的比赛，我们一直赢不了同富中学。现在参加全台湾地区比赛，应该也是胜算不大。

我笑着把朋友说的话告诉她。

她兴奋地说："等一下就可以知道你朋友是否真的铁口直断了。"

❀ 孩子，有一双做粗活的手

孩子们看到我，很兴奋地叫哇跳哇。

我一问："成绩如何？"

他们便安静了下来。

"输了啦！"指导教练金丰一提，孩子们头都低了下来。

"不过，等一下我们还有败部复活赛，还有翻身的机会。"

我听金丰这一说明，顺势鼓励孩子们："做黑马比较没压力，赢一场是一场，放手一搏吧！"

孩子们一场一场地拉，脸上涨红，脖子青筋浮现了。

我想到平日放学后，在礼堂角落努力练习的身影。一个孩子曾伸手给我看他的手。那是一双做粗活的手，是一双历尽沧桑的老手，是磨破皮、再拉、再磨破皮，反复训练的结果。

如果那是我的孩子，我怎么舍得呀！

✿ 孩子，不怕疼

"疼吗？"我指着磨破皮的地方问。

孩子笑一笑，摇摇头："刚开始的时候会觉得痛，现在已经不会了。老师说要赢，就要不怕苦，不怕痛。"

一张张充满希望的笑脸，如今正因使力而扭曲。

脸上斗大汗珠，鬓边的青筋清楚浮现，嘴上还配合节奏，呼喊着："嗨——哟——嗨——哟——"

我紧张到心脏急速跳动，赶紧跑到场外，不敢再看下去。

"校长，我们赢了。"

"校长，我们又赢了。"

"校长，我们又赢了，又赢了。"每赢一场，淑娥就跑出来告诉我。

"校长，我们是败部冠军啰！等一下要与胜部冠军比。"

✿ 这是什么烂办法呀！

大家兴奋极了。孩子们累垮在地，若非一股意志力在撑着，怎能连过三关？

看看孩子们个个累到爆的模样，再看到对方胜部冠军，好整以暇在对面做暖身操，我问：可以休息多久？能不能明天再比？

金丰摇头说："依照比赛办法，是不行的。"

我气得脱口而出："这是什么烂办法呀！"

孩子们笑了，似乎又灌进了一点活力。

我趁机告诉他们，以他们出场的次数，在我心中已是第一名了，不过既然办法是这么定的，我们就努力撑过去，不然，前面的比赛多可惜呀！

孩子们低吼一声："好。"

又上场了，我又跑到外面，口中念着："阿弥陀佛。"

"赢了！赢了！"

我听到淑娥尖叫，赶紧跑进会场，也对孩子尖叫："你们好棒！你们好棒！"然后我立即拨电话给会长，告诉他："我们赢了，我们赢了，冠军哪！"

金丰用手比一个"暂停"的手势。我赶紧结束电话。

"校长，刚才赢的只算是一个证明。证明我们有实力与对方比，等一下，要再比一场，赢了才算冠军。"

"这是什么烂办法呀！怎会这么不公平？我们的孩子都累垮了呀！这样对败部是绝对的不公平……"我叽里咕噜地直嚷着不公平。

孩子们坐在地上看着我。很复杂的眼神，既累，又想奋进，觉得不公，却无可奈何，还糅杂着想拿第一的复杂眼神。

我好心疼！好心疼！

❀ 迪士尼、迪士尼，我来了

"宝贝，都到这时候了，只要撑过去，拿到第一，我们就可以取得代表权，到日本比赛。想去吗？"

"想。"孩子们用力回答。

"我们要不要到东京迪士尼？"我再问。

"要。"孩子更大声更用力地回答。

淑娥听到了，立即告诉孩子："等一会儿不用喊'一、二'，我们喊：'迪士尼、迪士尼，我来了。'"

孩子们带着疲累的身躯，却是笑着上场比赛。我又跑到外面呼喊："阿弥陀佛。"

或许我呼喊得太用心，没注意到淑娥来到我身边。

她凝视我，一字一字地说：

"我——们——要——去——日——本——了。"

我兴奋地跑进场子里，金丰及孩子们兴奋地大叫："我们要去日本了。"我也加入跟着叫。

我打电话给朋友，夸他真的铁口直断。

❀ 只要募50万元？

他恭喜我，然后说："高兴完，就去烦恼钱的事了。"

我挂掉电话后，背脊一阵凉意。问金丰去日本的经费，是否有补助。

他点头说："有哇！"

我听到他的回答，心里踏实一点，但他接着说："好像有补助几千元吧！剩下的都要自筹。"

我马上有一脚踩空往下坠的感觉，心里大叫："不妙！"

"校长，我已经问过了，每个学生大约还需近三万元。全部都算算，大约要50万元。你应该只要募50万元就好了！"金丰没有察觉我的苦恼，兀自说着自己事先的计算。

50万、50万，我就像戏剧里大喊"50万元"，然后哭泣着唱歌的演员。

我不断在心里挣扎着："好一个昂贵的冠军哪！"

那天回程，淑娥问我要去哪里募款。

是啊！要去哪里募款哪？没想到这个冠军带给我的是如此沉重的喜悦。

我要去哪里募款哪？

筹款去日本，找到金主啦！

那一天，我拿出毕业同学录。虽说一打电话，就为了募款，有点莽撞，但为了孩子，我还是打了。

"怎么办？怎么办？"最近主任们见到我，就是问我怎么办。

要去日本，就得先准备办旅行证件、上网招标等工作，但如果钱没到位，一切都免谈，所以金丰每天都要问上一问："校长，有募到钱吗？"主任看到我，也要问。若我摇头，他们接下去的问话，就是这一句："怎么办？"

我要淑娥写比赛计划，向各级机关寻求协助。

各级机关都很热情赞助，有的给五千，也有的给一万，最多给两万。

大姊看到我的烦恼，因此找到良显堂文教基金会吴明贤董事长帮忙。他一听，便捐了10万元。

看似很多单位赞助，但实则凑合起来，也只有20万出头。

眼看着日期一天天逼近，总务处也有招标的压力，催着我们赶快决定。

✸ 不得已，求助老同学

那一天，没办法，我拿出毕业同学录，开始打电话，找同学捐款。

第一个找到国良。他听到我募款募得如此艰辛，因此提议我："听说我们同学许铭仁在科技业上班，应该比较有钱。给你电话，你打看看吧！"

许铭仁是我小学以至中学的同班同学，从大学毕业后，至今未联系。虽说一打电话，就为了募款，有点莽撞，但为了孩子，我还是打了。

许铭仁一听，立即答应。

我问他要捐多少，我必须记录下来，并看看还缺多少。顺势，我也问他可有认识哪一位有钱的同学，可以让我去募到款项。

他笑着说："急什么？明早，我请公司的小姐打电话给你。"

我不放心地告诉他："我不急不行，因为孩子们很期待，我不能伤了孩子们的心。"

他叹一口气："明早会打给你的，我在外面正忙呢！"

挂掉电话，我才想到忘了问他有没有结婚，孩子生了几个。万一，他有家庭的经济压力，我贸然地跟他劝募，是否已造成他的压力？对于刚刚一直急着问他要捐多少，我好懊恼自己的莽撞与无礼。

❋ 我的总裁同学

第二天到近午都没接到电话。午休时间，一通电话打来，问我："李校长，是吗？"

我回说："我是。"

是个很沉稳，却又不失女人味的声音："米歇尔要我打电话给你。"

我不解地问她："米歇尔是谁呀？"

她一听，有点质疑地问我："你是李枝桃校长吗？"

我又回说："我是啊！"

她的语气有点不耐烦了："如果你是李校长，你怎会不认识米歇尔？"

我按捺下脾气，请她说出米歇尔的中文名字。

"哈！原来是许铭仁嘛！你就讲中文名字嘛！干吗非得讲英文名字呢！"

小姐不想再跟我讲下去，直接问我："米歇尔要捐钱给你。你缺多少？要汇到哪里？"

"我们还缺25万，他想捐多少呢？"

我一问，小姐平静地说："就25万哪！"

我一听，眼睛都瞪大了："小姐，请问他在你们公司是担任什么职务？"

"总裁。"小姐的回话让我的眼睛睁得更大了："请问总裁比董事长还大吗？"

这一问，小姐笑了出来："是啊！你快说钱要汇到哪里？"

❀ 一定有很多人帮你的

挂掉电话后，我走下楼，思忖着事情的真实性。

许铭仁的家境并不富裕，大学毕业后，邀他一起担任教职。我想教职的稳定性，可以改善他家的环境，但他拒绝了，他说他不适合。

这么些年，我还背负数百万房贷。他竟由穷小子变成总裁，可能吗？

"校长，你在想什么？我们要再去哪里募款？"淑娥看到我便问募款。

我说："今天就先休息，等等吧。"

她以为我累了，以她虔诚的宗教信仰安慰我："你跟观世音菩萨很有缘，他会帮你的。"

我笑着把跟许铭仁联络上的事情讲一遍给她听。

她边听，边笑，还边念："大慈大悲观世音菩萨。"

"我就说嘛！观世音菩萨会帮忙的。你做这么多好事，一定有很多人帮你的。你看，许铭仁就是来帮你的。他可能是我们宏仁的贵人噢！"淑娥兴奋地说一大串。我说钱未入袋，怎会安心。

"大慈大悲观世音菩萨。会的，会的。"淑娥又念了一大串佛号。

第二天，出纳组组长向我报告说钱已汇进来了，我兴奋地也跟着念了："大慈大悲观世音菩萨。"

❀ 最有意义的分享

打电话给许铭仁向他表示感谢。

他说钱是公司同人大家一起捐的。

我一听，心里即犯嘀咕："怎么这个总裁这么抠门呢？25万对我们来说是一大笔钱，但对他而言，这一点钱，大概仅算零钱吧？怎么也舍不得出？"

我没说出来，倒是他自己解释起来了："本想自己给你就好了，但我觉得这个做好事的机会应该与同事分享，所以由他们乐捐部分，不足的部分，我再补齐。"

噢！原来是一份分享，原来是要让大家感受到帮助别人的喜悦，原来企业总裁做任何事都有想到效益，原来最重要的是，他不是个小气财神。

❀ 总裁同学的用心

我答应等孩子在日本夺冠后，一定亲自到台北感谢他。

他笑了："同学，我不需要你感谢。倒是比赛回来，我出钱招待那些孩子到台北玩一玩吧！"

噢！耶！他不是抠门的总裁，他不是小气财神！

好事一下子传遍全校。

许多同事问我，怎么找到这么有钱的同学。

我说："大慈大悲观世音菩萨帮忙的。"站在一旁的淑娥，忍不住便笑了起来。

有人问我："校长，你以前都不知道这个同学这么有钱吗？"

我叹了一口气，故意开玩笑说："如果早知道，就让他追了。"大家一听都笑了。我再说："你们要对那些不起眼的学生好一点哪！说不定将来他就像许铭仁一样，成了总裁，可以回来帮我们噢！"大家笑得更大声了。

我在他们的笑声中，回想许铭仁以前的模样。不晓得现在担任总裁的他，会是什么模样呢？

真好奇呀！现在已开始期待日本回来，到台北找他，看看同学，看看总裁。

当然，最重要的是，希望能带着从日本夺冠的好消息去看他。

日本载誉归来

"以后你如果当了董事长，也要这样做好事噢！"孩子很慎重地点头，然后看着我说："校长妈妈，我就算不当董事长，也会做好事，帮助别人的，你放心。"

带着孩子们到日本参赛。

行前，我便一再交代，比赛成绩固然重要，但礼貌、文化的展现更重要，所以在比赛会场不喧哗吵闹、进出场比赛队伍务必整齐、休息区更要维持得干干净净。

"他们的服装好漂亮噢！""他们的鞋好像都很好！"……孩子们看着对方派出的队伍，整齐、美丽的服装就够让他们惊讶连连。相较之下，我们的确显得寒碜些。

"比赛不是看服装，而是看实力，知道吗？"教练听到孩子们的对话，马上进行信心喊话。

"宝贝，我们大老远跑来不是要参加选美比赛噢！我们让他们瞧瞧，什么叫实力，好不好？"

我一说，全体的孩子又用低吼的声音"好"来回应我的喊话。

❀ 吼出坚持

在一场又一场的比赛中，我看到孩子们努力的精神。有的场次很轻松就过关，有的却要使尽吃奶的力气才能赢过对方。

有一场最经典。孩子起初可能没掌握住节奏，一开始，就被一截截拉过去。对方人多势众的啦啦队呼吼的声音，直冲屋顶。

我们只有教练、管理员和我，呼喊加油的声浪都被掩盖住了。

我这次心脏特强，也豁出去地拼命加油。

眼看着我方要被完全拉过去了，但孩子们在关键点煞住了。

停住了——停住了——

孩子们咬着牙，撑住不让对方把绳子拉过去，他们努力地将身子压低。

然后，一声呼吼。来自埔里大自然的孩子们，吼出了坚持，喊出了努力。拔河绳又动了，一点、一点、一点地被孩子们拉过来。

我们禁不住抱在一起跳。

"奇怪，以前好像没拉得这么好耶！"

"来这边好像比较能聚精会神、团结一致噢！"教练与淑娥讨论起孩子们的状况。

淑娥夸张地说："这是荣誉之战，孩子是最棒的战士。"

我虽笑她想太多，但我心里还真有那么一点荣誉的骄傲感。

❋ 不仅赢得冠军，更赢得尊重

孩子们卖力、争气地赢得冠军的奖杯。最重要的是，赢得所有比赛选手的尊重。

在我代表孩子们出去领奖时，全体评审一起站起来，向我们的队伍鞠躬致敬。

通过翻译，知道大家对我们孩子守规矩的表现赞不绝口。

我对孩子们说："这才是最高的荣誉。"孩子脸上难掩喜悦与骄傲的傻笑。

回来后，埔里镇公所设宴款待，恭喜、贺喜之声不绝于耳。

我看到孩子们明明是喜悦的，却必须表现出正经八百的模样很逗趣，因此跟他们说喜悦、微笑是正常的事，听到人家夸赞，却毫无笑容，那是不正常的。

孩子们听了，就松了一口气地笑了起来。

因为比赛的孩子中有五个是仁爱乡中正村的孩子，所以中正村村长也设宴招待。他操着一口带着原乡味道的普通话说："我们中正村到现在，第一次有人去日本，而且还是一次五个出去，太厉害了。"

我说："这些孩子可获保送南投高中。"

他摇着头，啧啧称奇："我们中正村到现在，第一次有人读高中，而且还是一次就五个去读，太了不起了。"村长逗趣的表情及言语，让大家都笑翻了。

❈ 孩子们跟董事长拔河

几天后，许铭仁特地租了一辆大游览车，载我们北上。

孩子们带着拔河绳，调皮地说："可以跟那些董事长拔河，一定很有趣。"

"他们拔不过你们啦，要注意安全。"我提醒他们。

结果当天一群科技大老板或科技新贵，坐在地上，手拉着绳子，由孩子们拉过来。这一群大人像孩子一般，享受了一下午的快乐时光。我相信这必然是他们人生中很难忘的一件事。

"我要谢谢各位叔叔伯伯阿姨大姊……"孩子轮流上台，说出内心的感谢。

当中正村的孩子模仿村长讲话时，我看到底下有一些人已忍不住笑出泪来，或是感动，或是心疼，或是不可置信。

在遥远的村落，因着五个孩子去日本而成了村子里的大事，而这些大人必然难以想象自己捐出一些钱，竟成就了这般大事，也成就了孩子的梦、孩子的愿。

❈ 喜悦的一日捐

许铭仁请了五星级饭店主厨，做自助餐给孩子们吃。我许久没和许铭仁见面，所以坐在一起聊天。孩子去拿菜的时候，会望向我，偷偷告诉我："哇！好好吃噢！"孩子也会过来问我们要吃什么，想帮我们拿。

"乡下孩子比较纯真、有感情，还懂得帮校长拿菜。"有一位董事长感慨地说。

我和许铭仁对望一眼，我告诉那位董事长："我和许铭仁都是乡下来的。"

他一听，立即回应："难怪你们这么有感情，愿意为学生付出。"

接着，他说起当初听到许总裁发动一日捐，觉得多此一举："才二十几万元，指定一个人捐就够了，何必大费周章。现在终于明白了，捐钱不是重点，重点是让大家感受到付出的喜悦，让多一点人愿意享受付出。"

许铭仁话不多，只是微笑、点头，但我看到他眼里的光，我知道他一定开始在思索付出与分享的事了。

❀ 热泪盈眶的一段话

"我们怎么这么幸运，能到日本比赛，又能到这里吃这么好吃的东西。"孩子们在回程车上叽里咕噜地谈着自己吃了几块牛排、鸡腿、虾子……

一个孩子学着村长说话的语气说："我们吃到最、最、最好吃的食物，而且不止一样，有五六七八九十样噢！"大家一听笑成一团。

我问坐我旁边的孩子："宝贝，高兴吗？"

他满足地点点头。

"以后你如果当了董事长，也要这样做好事噢！"

他很慎重地点头，然后看着我说："校长妈妈，我就算不当董事长，也会做好事，帮助别人的，你放心。"孩子清澈的一双眼，流露出感恩回馈的神采。

我点点头，一双眼已然热泪盈眶。我赶快看向窗外，黑夜中的星光格外明亮啊！

回到家，许铭仁打电话来表示关心。在电话那一头的他，听到我转述孩子的承诺："就算不当董事长，也会做好事，帮助别人的，你放心。"

"善的种子已经由你播下了。"我这么形容。

他叹了一口气，很满足的一口气。

"同学，我们找时间聚一下吧！我有一个助学的构想要你帮忙。"

他说是一个大计划，可以帮助很多很多孩子，"你可以帮我忙吗？"

我毫不犹豫地告诉他："我愿意，我愿意。"

校长的点心约会

"校长，你怎么知道他借书会不会真的看。如果只是为了吃茶点，只借不看呢？要不要规定必须交心得报告？"一位严谨的老师给我建议。

自从图书室整理好之后，它变成学生最喜欢去的地方。

记得一开始，还有老师忧心地跟我提醒："学生破坏力很强，怕会白修理了一番。"我告诉老师："环境愈脏，大家就愈不珍惜。只要我们把里面布置得美美的，学生进去，也一定会小心使用。"

"还有一点很重要的是，学校大哥们整理出来的图书室，谁敢破坏？"我的玩笑话，让大家忍不住笑了出来。

我请一位在出版社任职的好朋友林美安帮我忙，看有没有污损或印刷不良品，不能贩售的书，能否捐赠给学校。

她一听，就帮我找资源，甚至每月捐出数千元，让我鼓励努力上进的孩子。

✿ 鼓励孩子阅读的好方法

为了鼓励孩子借书、看书，我承诺每月第一个星期五，整理出前一个月的借书排行榜，前十名的孩子可以当我的小客人，与我来个茶叙。

"校长，你怎么知道他借书会不会真的看。如果只是为了吃茶点，只借不看呢？要不要规定必须交心得报告？"一位严谨的老师给我建议。

"如果规定要交心得报告，就没人想看书了。阅读本是一件愉悦的事，不需把它变成一股压力。"

我停顿一下，再告诉他："如果一名学生愿意为了茶点，一直跑图书室，我也愿意奖励他。多跑图书室，多借书，就算不看，最后说不定会变成一个习惯，变成一个爱书人呢！所以何必严厉得像防贼似的设门槛呢？"

❋ 最有"心机"的阅读约会

第一个月名单公布后，我请文环姊帮我买蛋糕，准备美丽的花茶杯、红茶。

我在孩子们最常经过的教职员餐厅，与他们茶叙。

孩子们一进入餐厅，就被美丽的餐桌布置给吓住了，频频呼叫："好美噢！好美噢！"

我请他们坐下，因为他们是我的小客人。文环姊和推广阅读的学昌老师帮孩子服务，他们更吓到了。谁会想到平日专门帮老师跑腿的学生，现在竟然坐着由老师来服务。

我看不只他们吓到了，外面跑来观望的其他孩子也吓到了，纷纷惊呼："让老师帮忙倒红茶耶！"

我——要——全——校——关——注，这件事的目的达到了。

与孩子边吃边聊他们看的书。孩子们慢慢地、很斯文地端着花茶杯喝茶，用小茶匙吃着蛋糕，一脸满足。

记得，我曾为请他们吃哪一品牌的蛋糕而烦恼。辅导室的绣叶老师说，这边的孩子，只要有东西吃就很满足了，不会挑剔哪一个品牌、哪一种口味。

"这边的老师很好当，随便请学生吃颗糖，他们就很感谢老师。如果在都会区，你请学生吃个蛋糕，他都嫌甜，嫌腻呢！"绣叶当初形容的，与我眼前看的果真一般，孩子们满足的模样，让人看了都高兴。

❋ 想与妈妈分享的荣誉

我巡视每一个孩子。突然，我看到坐在角落的一个孩子。他低着头，默默地喝红茶，眼前的蛋糕一口未动。

我很好奇地问他："宝贝，你不喜欢吃蛋糕吗？"

他摇摇头："我想把它拿回去给妈妈吃。"

他说这是一份荣誉，要把它带回去给妈妈看，也跟妈妈分享。

天哪！多贴心的孩子啊！

"宝贝，吃吧！等今天放学时，每个人，我再送一个蛋糕让你们带回去。"

孩子们兴奋地叫："噢耶！"

可是，我看那个孩子还是不吃。

我又问他："为何还是不吃呢？"

他抬起头来，不好意思地告诉我："可是我有爸爸妈妈呀！"

他一说，大家都笑了。

我豪迈地说："一人带两个回去。这下子，你该吃了吧！"

"谢谢校长，我要吃了。我家里还有妹妹啦！不过妹妹要吃的话，妈妈会分给她的。"他这一说，大家又笑得更厉害了。

❀ 连老师都想当校长的小客人

从那次以后，大家都很努力地借书，因为大家都想当我的小客人。孩子们带回两个蛋糕，家长也惊喜万分，纷纷打电话向我致谢。

绣叶说我很有"心机"，请小朋友吃东西，人人都会，但我却利用大家会注意到的地点，且营造一个优雅、高尚的环境，再由高高在上的老师服务，而且还可以吃一个带两个，多棒啊！

她说："连老师都想当校长的小客人了。"

其实不管我是否耍"心机"，不管我送了几块蛋糕，这些都不是重点，最重要的是：学校阅读的风气开始带动起来了。

给十万，我只取两万

> "校长，我们也没能捐多少啦！大概就十万元。"施先生说出让
> 我咋舌的金额。"施先生，老实说，我并不太想要十万元。"

退休老师琼香带了一个朋友来找我，是一位来埔里盖了栋非常漂亮的
别墅的企业家施先生，因为听到琼香说起我推广阅读一事，很感动地表示
要捐款。

施先生有一双眯眯眼，微笑起来只剩一条眼线。他说起话来轻细、温
和，看得出来是个很慈祥的长者。

施先生说他不是企业家，只是在帮姑丈管理一家公司。姑丈想要以其
母亲之名行善，因此他听到我推广阅读、买蛋糕请小朋友，还有找出版社
捐书，又知道我们自己整修图书室，感动之余，便主动说要捐款。

❀ 有远见的"拒绝"

"校长，我们也没能捐多少啦！大概就十万元。"施先生很客气地说出
让我咋舌的金额。

十万元对我们而言不是没多少，而是很多。

"施先生，老实说，我并不太想要十万元。"

我这一说，不只施先生，连琼香都一脸迷惑，愣住了。

我解释给他们听："如果你给十万元，我们买了一堆书。这些书在今年
都是新书，但明年就变旧了，所以与其一次给十万，第二年就没了。不如

给两万，年年给，那么，每年每月我都能买新书，细水长流。你们又能把每年多的八万元，分赠给四所学校。这样，不是更好吗？"

我在解释的过程中，看到施先生频频点头，脸上布满笑意："校长，你跟人家不一样噢！要给十万，你却只要两万。"

我笑着回施先生："我比较奸诈噢！看似不要十万，只要两万，很傻，但如果年年给，那就不只是十万元了。我够奸诈吧！"

施先生与琼香笑得好开心。

❀ 校长，你就是我们要找的人

兴致一来，施先生又继续与我讨论其他捐赠事宜。他把公司生产的东西说明一番："校长，你看我们公司的产品能提供给学校做什么用途，可以的话，也能捐。"

我笑他："不担心姑丈生气吗？竟然要把公司的产品捐了。"

他叹一口气，是一种很幸福、很感动的模样。

"我姑丈说，要孝顺，就是以母亲之名行善，把母亲的爱分享出去。而且，他说钱财够用即可，节俭地花，也花不了多少钱。现在公司稳定成长，正是行善的好时机，所以姑丈就以他母亲的名，成立了林赖足文教基金会。"

施先生说他的姑丈影响到他们一家人。他的孩子们不会因为家里有钱即当公子哥儿，反而习得节俭、认真的美德。

施先生又说："不浪费物资，能分享，才是幸福的人。校长，你就是我们要找的人。"

那天起，林赖足文教基金会果真年年给两万元，而且也开放给许多学校申请。

我曾经在一些场合与教育界的朋友谈起这个基金会，告诉他们可以申请。有些很赞同、很兴奋地要申请，有些却认为不需要为了区区两万元去申请。

当我听到"才两万元哪！"这样轻蔑的话时，我好想对他们说：两万元不只是两万元，它是分享，是孝心，更是一份爱的传递呀！

爱与服务，贪心点又何妨呢

> 那一年，我把过去写了28页的学校愿景规划书都丢到一旁。那些费尽心力写出来的"文书"，是感动不了人的。又怎能让老师与我一起努力呢？

学校午餐厨房旁的穿堂，11点半左右，各班的餐桶都一一就位。这时候，就会有一位体型稍胖的老妇人坐在柱子下等候。

午餐秘书说："那是潘小姐，等着拿厨余。"

我看她的穿着，并非贫穷之人，但每次都是拿着大锅子，装一些有汤汤水水的菜。另外，又拿塑料袋，装干炸的肉类食物。一袋又一袋、一锅又一锅地装。

我心想：她家到底有多少小孩呀？看几回后，我有些反感，觉得这人太贪心了。

❋ 不为自己的全然付出

午餐秘书听完我的感觉，忍不住笑了出来："校长，潘小姐从公职退休，她不需要拿这些食物。她是为炫宽启智教养院拿的呀！"

秘书告诉我，炫宽启智教养院董事长因其女儿有智能障碍，因此特别能体会家有智障者的痛苦，所以秉持"幼吾幼以及人之幼"的精神，把田地卖掉，独资创办了炫宽启智教养院。

不管是自费送来托顾的，或是受人遗弃的，都一样收下来，且用心照顾。

秘书说董事长非常有爱心，但要独资经营一定很困难，毕竟县政府补助有限，院内有27名6岁以上、65岁以下的智障者。他们的日常用品及三餐的花费相当惊人，因此住在附近，从公务机关退休的潘小姐知道这情形，灵机一动，才与学校商量，把学生吃剩的回收给炫宽启智教养院。

"其实，她每天这样载，真的很危险，也很辛苦。"秘书如此感慨。

我由之前觉得潘小姐贪心的小小厌恶，转变为大大的感动与敬重。

与潘小姐聊到过去对她的误解，她咧开嘴，大笑："要是换成我，也会这么想的。校长，我带你去炫宽启智教养院看看吧！"

我接受了她的邀请，看到这所租来的教养院，的确是惨淡经营，里面的义工及工作人员都很友善、认真。

面对老老少少的院友，他们真的展现了最大的耐心与爱心，因为一名流着口水的院童向我奔跑过来时，我便惊吓得从板凳上站起来跑开。

潘小姐抓住我的手："校长，他只是要向你道谢，抱抱你而已。你不用怕。"

我尴尬地停住。那个小朋友口齿不清地说谢谢、很好吃之类的话。我抱抱他，用手拍拍他的背。他高兴地紧紧抱住我，还上下跳着，我感动得也管不了他的口水是否滴到我的衣服上了。

❀ 帮助人的感觉，棒呆了

回校后，我将在炫宽启智教养院所看到的情形与师生分享，并决定结合亲职教育，举办"送爱到炫宽"的义卖活动。

这个活动获得老师及家长的赞同，他们纷纷捐出义卖品，以每样物品最高价不超过300元的低价，让大家都有机会行善。我们竟卖了3万元。

我带着老师及学生代表将钱及物品送到教养院。面对一群老老少少的智障者，学生畏缩地站在角落不敢靠近。老师率先将玩具、衣服等物品送给他们，并接受他们的拥抱、感谢，学生才慢慢地靠近帮忙。

我在一旁一边与董事长聊天，一边看学生的表现。

一名女学生送一套衣服给一位阿婆，瘦小的阿婆频频弯腰致谢。女学生也弯腰回礼，脸上是藏不住的喜悦。

另一位将绒毛玩具送给一名小女生，那小女生高兴地抱住我们的学生，连声说谢谢。更有一位阿婆拿到外套后，在屋里四处绕，一直跷着大拇指，比着"赞"的手势。学生受到了感染，高兴地与他们交谈，并与他们握手、拥抱。

回校时，一路上，学生兴奋地交换此次活动的感想。"啊！我握到他们的手，与我们没两样耶！"一名同学说完，马上被大家取笑："他们既没生病，也不是怪物，当然与我们一样。"

"以前只是捐钱，不会有特别的感动。今天亲自来与他们接触，把爱送给他们，才发现能帮助人的感觉真的棒呆了。"

另一名女同学讲完，大家赞同地回应："我们以后再继续帮他们。"大家沿途叽叽喳喳说个没完没了。

看到孩子们兴奋的表情，我知道这一天已成了他们难忘的一天。

❀ 课堂上学不到的事

或许，他们之中有人将因为今天而立志助人行善，或许他们将因之懂得感恩、惜福，但不管如何，今天所带来的心灵悸动，绝非课堂上呶呶不休地讲述大道理可以获得的。

事后淑娥告诉我，师生们对这件事谈论不休，大家都认为这件事很有意义。

"我想规划，分批带学生去服务。"淑娥抓住这股民气，开始规划服务学习的诸多活动与课程。我也利用每周周会时间，与大家分享其中的一些感人故事。

我发现，孩子变了：曾经浪费、不知足的，学会珍惜；曾经抱怨贫穷的，学会知足。

我发现，老师也变了，他们不是在教书、赶进度的教书匠，而是在教人、教生活的人师。

爱，让大家更温和，一颗心也更柔软；服务，让大家找到自我的价值与定位。

于是，那一年，我把过去写了28页的学校愿景规划书都丢到一旁。那些费尽心力写出来的"文书"，是感动不了人的。完全进不去老师的心，又怎能让老师与我一起努力呢？

因此我定调唯一的愿景：经营宏仁大家庭，办法就是陪孩子读三本书——认识自己、爱、生活。

看似简单清楚，却是繁复大工程。三本书已不只是孩子要读的书，它们是我们每个人都必须读的三本书。

当我感谢潘小姐所带给我们的改变时，她笑着说："校长，你那时候认为我贪心，我看你比我更贪心噢！"

是啊！爱与服务，贪心点又何妨呢！

"失败"的饼干

我一进门，便被饼干香味吸引，直喊："好香啊！"老师要孩子们拿饼干请我先尝尝，一个孩子赶紧抢先说："给校长吃失败的饼干。好的，我们必须留着明天招待客人。"

巡堂时，五名三年级的男同学提着三袋蔬菜跑到我面前，兴奋地将菜举高，放在我眼前："校长，这是我们种的菜，送给你。"

我不可思议地叫出来："怎会种出这么漂亮的菜呀！"

霎时，得意与喜悦写在他们的脸上。

❀ 降低中辍率的课程

我来到宏仁中学，看到许多学业成绩不佳，但其实有其他能力的孩子，整天无所事事，因此我们开设了许多职业类科的课程，有农业、家政烹饪、商业设计、木工……

除了让三年级的同学能有机会接触认识各种职业，发掘自身的兴趣与专长外，更可纾解身心。

曾经有老师质疑是否会影响功课，但几年下来，证明不但不会影响，还因为有趣的学习，大大降低了中辍率。

农业职群一开课后，孩子从整地开始学起，每年都有很好的表现。

上届的孩子，将贩卖蔬菜所得捐赠给汶川大地震中的灾民。这届的孩子种的菜又大又好，我随即掏钱出来给他们，一个孩子却告诉我："校长，不用了啦！而且你也拿太多钱了，现在市场卖的菜很便宜呢！一朵白花椰菜只要十元噢！"真是诚实可爱的孩子。

我叫他们把钱收下："你们种得很辛苦，理应得的。"

他们一起摇头。

❀ 只要不放弃

多元学习中心（学习有障碍的班级）的小宇说："校长，这些菜答谢你三年来的照顾都不够。"

我听了，整个人都颤抖起来："宝贝，你怎么那么会讲话？我感动到不知如何是好耶！"

他听了，只是憨憨地、不好意思地笑着。

将菜提回办公室，与辅导室的老师分享我的感动。绣叶老师也感动地告诉我，小宇是有学习障碍的孩子，平日话不多，没想到，竟然可以说出这么贴心的话："校长，我没教他噢！你不要以为是我教的噢！"绣叶赶紧澄清。

"你一定要告诉他的爸妈，小宇是一个非常聪明、可爱、伶俐的孩子。"我叮咛着绣叶。

想想一个学习有障碍的孩子，竟能说出如此感恩的话。

我想到刚开垦时的菜园，满地石头、水泥块，大家都质疑能种出什么东西，但在老师及孩子们的努力下，如今也收获了一篮篮鲜美蔬菜，这不就是像小宇一样吗？只要不放弃，任何一个孩子都能带给我们惊喜与骄傲。

❀ 与其羡慕别人，不如自己做

在孩子毕业前，辅导室李孟桂主任帮技艺职群的孩子举办成果发表会，邀请社区家长、民众来参观。

为了这个成果展，三年级的同学铆足了劲儿，把自己的作品再加工，希望把最好的一面呈现给大家。

成果展前一天，两名同学在宏仁馆帮忙，我夸他们卖力。一旁的老师，笑着说他们两个是被罚的。我没把老师的话听进去，一直夸他们有心。在摆放小盆栽时，还询问他们的意见。我说他们有美感，他们的脸上马上绽放笑容。孩子真的是需要夸赞哪！

"宏仁馆布置起来还不错！"小帅哥阿志酷酷地说。

我逗他："记得以后当了董事长要回馈母校噢！帮母校盖一栋非常棒的宏仁馆。"阿志慎重地点头说："好。"一副未来一定是董事长的模样。

事后，我形容给训导主任淑娥听，她笑得趴在桌上。

我虽也为阿志的表情感到好笑，但心里却有一种感觉：孩子的潜能及未来的发展，谁也料不准。说不定今天的夸赞，真成了他以后努力的动力，也难说呢！

木工及建筑职群的同学把小板凳及茶几一摆，就让人想坐下来歇息。

我夸他们做得好，他们却不好意思地说："别组做得比较好。"

家政及商业设计纸黏土组把作品摆上后，吸引了一堆同学来参观。我看到一个孩子认真观看的模样，顺口问他："羡慕吧？"

他抬起头，摇头说："与其羡慕别人，不如自己做就好了！"

轻松却有志气的模样，让我竖起大拇指说："赞。"

❄ 甜美的"失败饼干"

傍晚要放学了，听说家政职群的同学还在赶工，要为来宾烘烤好吃的饼干及布丁，所以我到家政教室表达关心。

我一进门，便被饼干香味吸引，直喊："好香啊！"

老师要孩子们拿饼干请我先尝尝，一个孩子赶紧抢先说："给校长吃失败的饼干。好的，我们必须留着明天招待客人。"

老师斥责他怎可如此对待校长。他笑着说："校长是自己人，又不是别人。"大家笑了开来。

在那时候我吃着失败的饼干，心里是一种难以言喻的幸福感觉。

我们终于把学校变成一个大家庭了，因为我们都是一家人，所以孩子知道要把好的呈现给贵宾，不好的，自己享用。孩子的懂事言行，让我和指导老师相视一笑。

我夸着饼干好吃，并心疼地说："哎呀！你们这么辛苦，却不能吃到自己亲手烘焙的饼干。"

一个孩子笑着说："能做给别人吃就很幸福了！"

是啊！饼干不一定要自己吃才幸福，人生也不一定要得到才快乐。有能力付出所获得的幸福，更甚于快乐呢！

我心里高兴得很，也骄傲得很。这些在学业上成绩较低的孩子，不但在技艺课程中找到信心，也能学到待人处世的道理，知道把好的留给别人。

我继续吃另一块失败的饼干。

哎！滋味真是甜美呀！

溪头庆功宴

> 每天回家，为了不让家人发现，我得刻意掩饰难过，故意说些笑话给家人听。我得自我武装，坚强地告诉自己："我绝不让眼泪掉下来。"

"我们赢了！赢了！"生教组组长冠安很是兴奋地跑来告诉我。

我按捺下兴奋，走到隔壁的教务处。教务主任林主任稳重如昔，但嘴角的一抹笑意，仍不小心显露他的高兴。他证实，我们的升学率的确赢过另一所学校。

"校长，你要破费了。"林主任提醒我。

✿ 兑现两年前的承诺

是的，两年前，我曾气愤他校家长会总干事嘲笑我们，立志要赢过他们，也许下只要赢过埔里镇任一所学校，我招待全校两天一夜旅游的誓言。

"那有什么关系！我甘愿。出再多钱，我都甘愿。"我高兴地说。

打电话给溪头青年活动中心苏总干事，把事情的经过告诉他。

他也被我的喜悦所感染："你要自己出钱招待老师，我一定在可能的范围内，给你打个折。"

苏总干事豪气地答应，于是事情就确定了。

"我们到溪头举行庆功宴，同时规划下一学年度的努力方向。"期末校务会上，我一宣布，平日内敛、不易表现情感的老师们，也兴奋地讨论起来。

"校长，我帮你出点钱，好吗？"淑娥怕我花太多钱，所以希望帮我忙。

我摇头拒绝："那是我的承诺呀！"

✿ 校长的充电高招

主管会时，我开始分配工作。教务处听到我要他们安排课表，主任眼睛瞪大了。"不是旅游吗？"

"晨昏让大家感受到溪头的美，充分让身体放松，享受芬多精①。其余时间，我们邀请一些学者专家来为我们演讲充电，进行心灵之旅，这样才能兼顾身心的健康。"

我一说完，林主任频频点头说："高招。"

当天，大家从坐上游览车开始，便叽叽喳喳说个不停。到达溪头，沁凉的空气让人整个舒爽、精神了起来。虽然大家对我安排听讲、讨论的课程有些诧异，但感受到这是一直耽于谷底的宏仁中学多年来的奋起，大家也有莫名的荣誉感，因此对听讲，就抱持着学习可以让自己更精进、让宏仁中学更好的想法，毫无抱怨与拒绝了。

我明白了："成就感能带来奋发向上的力量，不只是对小孩子有用，对任何人都有用呢！"

"校长，今年的成绩是给我和总务处丛主任退休前最好的礼物。我可以风风光光地退休，没有遗憾了。"

林主任感慨地说起自己努力多年，一直没办法带起宏仁中学的升学率，学生一直转走。他为了留住成绩好的学生，不惜颜面，与家长恳谈、拜托，到最后吵架。

"以前怎么留也留不住，现在却每年增班。哎！还是校长你有办法啦！"

---

① 芬多精，即Pythoncidere，具有抗菌效果，能净化空气，降低污染，使人呼吸顺畅，提振精神。

"不是我有办法，而是我幸运地找到方法，那就是家族的力量，更胜于一个人的力量。"几名主任都点头称是。

从主任谈起"九二一"大地震后重建学校的一番艰辛，淑娥与辅导主任孟桂也跟着回忆起自己进入宏仁中学的点滴。

在回忆与感慨中，我们更确定大家是一家人的信念。

那晚，我们在溪头说往事。那一年，我们在溪头坚定信念："一定要让宏仁一直往前，努力奋进。"许多老师在多年后，或退休或调职，但回忆起那一年，大家都热血沸腾，也都怀念那段一起努力奋斗的日子。

✿ 我绝不让眼泪掉下来

从那一年后，宏仁中学持续进步。年年利用暑假，庆祝兼研习变成一个例行工作。

第二年，主计主任明香告诉我，已有人捐助款项，指名暑假教师研习用。

"校长，你今年不用出钱了。"

我要她查明是谁捐的。

她笑着告诉我："同人们的家人，还有同人们捐的出差旅费啦！"

"是我们进步，是我们精进成长，怎可以由校长出钱？"淑娥告诉我老师们的想法。

"校长，你就答应吧！就算当'校长妈妈'，孩子大了，或是自立自强，或是回馈，都应该吧！"

我拗不过他们，在点头答应中，眼泪却不自觉掉下来，往事也像影片般，从我眼前掠过。从一开始的黑白、惨淡，我努力地上色，到如今，总算色彩缤纷了。

我想到前几年的努力过程，曾遇到多少的挫败与伤痛。

每天回家，为了不让家人发现，我得刻意掩饰难过，故意说些笑话给家人听，但我自己得借口要思考，然后跑到四楼捶胸顿足、叹气。

我得自我武装，坚强地告诉自己："我绝不让眼泪掉下来。"

"哪家的孩子不曾让父母伤心？"我以此安慰自己，并坚持只看好的一面、说好的一面。我知道老师们的士气需要我带起来，我的快乐、我的信心也需要我自己建立起来。

想到"九二一"大地震时，我告诉全校师生要"微笑面对试炼"，并誓言做一名勇士，来宏仁中学，我怎能忘记这个誓言呢？

如今，老师们以行动来说明他们的成长，来证明宏仁中学已是个团结、努力、和谐、快乐的大家庭。

我的眼泪不需再忍住，就让泪水奔流而出吧！因为这是高兴的泪水、骄傲的泪水，为我的孩子、我的家呀！

彩云第一志愿奖

"我注意到今年毕业典礼上颁发的第一志愿奖是由××先生捐的，但他是谁，大家都不知道。每一年，我都会烦恼这个奖金还有没有。"我这一说，准备退休的教务处林主任说："校长，你不用烦恼，那个奖金绝对有。"

记得学校开图书室启用典礼时，许多人都因为孩子优异的表现，及我制作的简报而掉下泪来，王彩云议员即是其中之一。

她是宏仁中学第六届的校友。看到学校沉沦，她比谁都痛苦，因此看到我认真地想带好宏仁中学，第二年，她即把孩子送到宏仁中学就读，表达她对母校的支持。

当时她只说："校长，我信任你，我信任老师。"

第三年，她更以行动表达对母校更大的支持——担任家长会会长。

❀ 众人永远的话题

"我希望能把家长会的钱花在孩子的身上。如果要聚餐，我个人出钱即可，绝不要花家长会的钱。"

在当选之初，她豪迈地说出个人的看法，当时获得家长委员一致的肯定与赞赏。或许是这份豪气感动了所有的委员，委员们也呼应："我们开会，在学校开即可。吃饭的钱，就省下来给学生用。"而其中总干事尤东河先生更是倾囊相助，举凡学校的奖品，全数由他供应。

尤东河总干事在我来宏仁中学第一年，找我帮忙改善亲子关系。后来，我去找他帮忙买木材。他由不相信学生做得起来到最后啧啧称奇。

除了捐赠木材的费用外，第二年，他更将孩子从私立学校转来就读宏仁中学，并为了支持我办学，自愿担任家长会总干事。

"会长为了学校不遗余力，出钱出力。我只是以小小行动来支持她罢了。"

总干事客气地说，却也道出了家长会的想法。

大家看到了会长的真诚与用心，因此用行动表达对她的支持。

举凡学校的大小活动，家长会必定会派人参加，而大家聚在一起的话题，也永远是——如何协助学校。

❀ 家长会会长儿子在学校跌伤

"议员担任你的家长会会长，是不是会给你带来压力？"曾经有人如此问我，大家看到在议会殿堂，义正词严问政的她，难免会联想是否也会对学校行政产生困扰。

我摇头，告诉他们："王彩云议员是老天派来帮我的。"

记得王议员一担任会长，便说明："在学校，我是一名学生家长，是家长会会长，更是学校永远的校友。我不是县议员。"

她真的是将家长会会长当事业来经营：用心地体察学校设备的不足——给100万元充实资讯设备；注意到学生饮用水不足——用20万元购买饮水机设备；关注到老师的用餐环境不佳——花10万元整理教职员工餐厅设备……

除了她注意到的外，另外，学校提出来的计划，只要是为孩子好的，她也几乎照单全收，而对于学校校务运作，她坚持对学校除了信任、支持与协助外，绝不干涉校务。

"家长会本来就该是参与，而不是干预；是助力，而不是阻力。"在她如此的说法下，其实，带给我们是更大的使命感与责任。

我们知道在家长会完全信任的支持下，我们不但不能怠惰，还要更奋力往前冲。

一天，她打电话给我，告诉我，学校连锁砖地不平整，导致她的儿子跌伤了。

我想她一定很心疼，说不定要兴师问罪。

没想到她竟说："校长，你知道吗？还好是我儿子跌伤的，我才知道那些地方需要整平。我一定要帮学校处理好，免得其他孩子也受到伤害。"

当时，我听到她完全不提心疼孩子受伤，只一心想到不能让其他孩子受伤害。我在她处事豪迈的风格中，又发现了她大爱的一面。

多少人能在自己孩子受伤的当下，还能跳脱不舍，转而想到其他人呢？

❀ 自我挑战的计划

"我们因为会长的带领，才能真正地为孩子们的教育尽一份力量。会长绝不能退下来。"

一年任满，委员们一致提议，并全数通过，赞成她连任。

我看到她虽高兴，却有些忧心的模样，问她是否担任得勉强。

她笑着说："我不勉强。我只是在想如何让宏仁更好。"

"校长，你老是花钱买礼物送老师，送捐赠人。让我帮一点忙。"

彩云给我一个红包，沉甸甸的，有几万元吧！

我把钱收起来："这笔钱，当作'彩云第一志愿奖'的奖金吧！"

我告诉她我的计划：让老师记录每个孩子的能力，鼓励孩子与自我挑战。如果一个考20分的孩子能进步到40分，就该发给他第一志愿奖金，但这孩子的基础点就该提升到40分，下一回，得超过40分才能再领到。

初三时，老师依孩子的程度与孩子讨论，设定孩子的第一志愿。当然那个志愿必须适度高过原来的分数。

"让每个孩子与自我挑战，让每个孩子都有获得鼓励的时刻与机会。"

我的说法让彩云非常高兴。她说可以设这个奖，但不需用她的名。

我笑着说："用你的名，便可确信你每年都会捐钱。我够狡诈吧！"

她笑着答应："我会一直捐下去的。"

❀ 节俭的教务主任，却大方捐款

"谢谢你，因为我注意到今年毕业典礼上颁发的第一志愿奖是由××先生捐的，但他是谁，大家都不知道。每一年，我都会烦恼这个奖金还有没有。"

我这一说，准备退休的教务处林主任说："校长，你不用烦恼，那个奖金绝对有。"

我诧异地看着他。

他抿抿嘴，不慌不忙地说："那是我以我祖父之名捐赠的。"

我张大嘴巴看他，平日节俭度日，连上班都为省油钱，骑脚踏车，骑得一身是汗的主任，竟是幕后的捐款人。

"我只是爱宏仁中学而已。"他又平平淡淡地说着一件让人感动的事，然后，说完又身轻如燕地回办公室。

"哎呀！校长，你真的要很骄傲，连老师都这么爱学校。"彩云这么评价。

我拼命点头。与这样的老师共事，真的好骄傲哇！

❀ 近半数孩子上心中的第一志愿

"彩云第一志愿奖"运作得非常顺利，许多孩子开始对自己产生信心。

一年后，基测放榜，榜单一贴出，一阵阵惊呼声之外，还有此起彼落的询问声："你上第一志愿了吗？"

新的教务主任仁贵兴奋地告诉我："校长，我们有120位上第一志愿。"恰好朋友打电话来，我与她分享这个喜讯。

她惊讶且好奇地说："你们不是只有300位毕业生，怎么可能有近半数上第一志愿？"

"怎么不可能？每个人的第一志愿都不同。当然有可能。"

我这样说，她似乎还不明白，因此我再说明："平日模拟考最高只能考到200分的孩子，把第一志愿放在250分；平日成绩只能考上私立高级职业学校的孩子，把考上公立高级职业学校当成第一志愿。每个孩子因应自己的能力，设立一个需要努力就可达成的志愿。当他努力地达成后，不就是上了第一志愿吗？若我们将一中、女中设定为第一志愿，有多少人望着那无法达成的目标而兴叹，甚至放弃？"

我告诉朋友，我学校的老师与家长共同鼓励孩子努力超越自我（非超越别人），考上自己心目中第一志愿的经过。

朋友高兴地说，她也要如法炮制。

"校长妈妈，我考上了第一志愿噢！是台中高级工业职业学校耶！我棒不棒？"

一个小女生喜悦地告诉我，旁边几个孩子也抢着说："我也上第一志愿了！""我也上第一志愿了！"

看着带着喜悦、自信，对未来充满期待的孩子，我说："校长的心肝宝贝最棒了！"微笑的我，眼角却微润了起来。

谢谢你，我在心中谢谢彩云。

你的第一志愿奖真的很棒呢！

退休老师的巨大身影

我一看，真把我给吓到了。这位在学校人人皆知的公子，含着金汤匙出生，一生受人伺候惯的人，怎么可能来做义工？

退休后还能回学校担任义工，为学校做点事，真是幸福哇！

——刘超雄老师

学校的工友张双坤先生退休。在没有补足工友的情况下，总务处忧心忡忡地问我："学校水电坏了，谁来维修？校园草皮的草长高了，谁来割除？"

水电因为不是经常损坏，一学期，找水电承包商来处理一次即可，这个问题倒不难解决。但大操场的草地，每隔一段时间，小草便长高、长长。除了造成紊乱的景致外，还增加运动的不便。

若雇用工人锄草，这份庞大且经常性的支出，绝非学校所能负担。

我知道总务处为此伤透脑筋，因此我跑到合作社想办法。

之前，我请退休老师回校当义工帮忙时，便告诉他们，学校的合作社就是他们聚会的场所。

我知道要退休老师回校帮忙，若没提供一个聚会场所，一到忙碌时才找人，缓不济急之外，也无法培养默契，更让人觉得学校太现实。

因此我选定合作社，因合作社总放着轻音乐，让人轻松自在，可以完全放松。

它不像其他办公室严肃，又人来人往的，家长、学生或老师进进出出问问题，坐在里面，总觉得会造成干扰，不适合久坐，但其实最重要的是，合作社有一个超热心的淑芬阿姨。

❋ 校长，我帮你

"阿姨，我跟你说噢……"在合作社里，常常听到来买文具用品的孩子会向淑芬倾诉。她虽是合作社聘请的售货人员，但因很会照顾人，所以俨然是大家心目中的大姊、阿姨。

因此，我拜托淑芬帮我忙："只要有退休老师来，你就帮我买水果，或泡茶招待他们，让他们感觉像回家一般。"

我有时拿钱，有时拿茶叶，放在淑芬那儿，请她展现热情，帮忙招待。合作社变成退休老师最喜欢到的地方。

因之我知道要解决这个问题，可能就必须到合作社求救。

果不其然，学校的退休老师，刘超雄、冉光志、吴清源老师，就一句话："校长，我帮你。"开始了三人的义工生活。

他们开始推着锄草机锄草，拿着肥料袋装杂草。400米跑道的大操场，在他们的努力下，平整、亮丽。

我笑称他们是校园美容师，帮草地剪了个漂亮的三分头。

我衷心感谢他们一年多来的帮忙，但他们却反过来感谢我给他们机会回校服务。

穿着雨鞋，戴着斗笠、工作手套，被太阳晒黑的脸庞上，绽放着他们满足、愉悦的笑容。

"忙着锄草、种花，一整年居然都没生病，连感冒也不曾有过。"吴清源老师说这是额外的收获。

"我们忙得没时间忧郁，应该劝告那些闲得没事、喊忧郁的人来工作就对了。"刘超雄老师也快乐地附和。冉光志老师则以一抹笑容，赞同他们的说法。

❀ 吓人一跳的四人小组

一天，我看到快乐三人行变成四人小组。

我跑过去笑着说："哇！三缺一补齐了呀！"

我好奇地看他们找的是哪一位。一看，真把我给吓到了。

穿着米白色休闲裤及休闲鞋，搭着质感极佳的衬衫，戴着休闲帽的不是蔡思南老师吗？这位在学校人人皆知的公子，含着金汤匙出生，一生受人伺候惯的人，怎么可能来做义工？光看他一手握锄头的模样，便知道他是玩票性质的。

"蔡老师，您怎么也来了？一定是被冉老拐骗来的，是吧？"

我的问话，让大家笑了开来。蔡老师一贯斯文腼腆的笑容，一脚斜放的慵懒模样，真是十足的公子哥儿呀！

冉老师大概看出我的心思，笑着说："校长，不出一个月，一定把他训练成一个工人。"

"不好吧！赖静英老师要抗议她帅气的老公到哪里去了？"

蔡老师的老婆赖静英也是我校的退休老师。我一说静英要抗议，大家就开始开起蔡老师的玩笑。

看这四人快乐的笑容，我不禁想到一些退休的朋友，因为突然失去舞台，又无法放下身段担任义工，整天在家被无聊给包围住而喘不过气来，最后不是快速老化，便是抑郁而终。

反观他们，即使一身污泥、一手老茧，他们的精神是饱满的，心情是愉悦的，容貌自然就显得年轻、有光彩。

"刘老师，您以前当过训导主任，让您这主任来锄草，真是不好意思！不过因为您这么做，让人更佩服您呢！大家都说做主任的人能弯下腰、蹲下来，不容易呀！"

刘老师面对我的夸赞，含蓄地回我："企业界的董事长都要学习扫厕所了，我们小人物，算什么！何况我们动动身子、晒晒太阳，把忧郁症都赶跑了，多好哇！"

❀ 退休老师学砌砖、抹水泥

一星期内，他们锄了草。过了一星期，他们又发现连锁砖松脱了，于是又开始拿沙子重新整理连锁砖。然后他们又发现小水塘脏了，又开始清理小水塘……

他们开始发现该整该修的事物实在太多了，他们需要多学点功夫，于是他们开始学砌砖、抹水泥。

我说洗石子比较美，他们又去学洗石子……

❀ 自费订十万元的锄草车

一个月过去了，两个月过去了，三个月过去了，蔡思南老师不是来玩票的，他变成不折不扣、十足厉害的工人了。

"该请他们喝个饮料、吃个点心吧！"我心疼他们在艳阳下、细雨纷飞中忙碌工作，想拿钱给淑芬买个点心。

淑芬摇摇头："名凤曾经要买给他们吃。他们说，如果学校要买东西请他们，他们就不来了。他们自己交钱买水果及饮料，他们说：'这才是义工。'"

"这怎么行？怎么好让他们自己出钱？"

淑芬听我一说，偷偷告诉我："校长，这都是小钱啦！你知道他们自己花钱买水泥吗？最近，他们已经订了一部近十万元的锄草车，他们说用推的太累，还是坐车锄草比较轻松。他们要我不要告诉你。你要装作不知道噢！"

从合作社离开，看到他们在远处操场边种花。

"你看得到他们吗？"淑娥走过来眯着眼望。

我指着他们小小的弯腰身影："怎会看不到他们那巨大的身影啊？！"

第四章 管乐团带来的巨大改变

成立管乐团，困难重重

"校长，凤鸣中学曾买了几把乐器想组团，可是他们没成功。或许，你可以去跟他们借。"我一听，毫不迟疑，带着淑娥立即前往。

"怎么办？怎么办？"淑芬看我忧心忡忡，一直叹气说"怎么办"，问我："到底出了什么事？"

我提到两年前答应高任勇老师，要帮忙成立管乐团，但至今仍找不到经费。前几天，一个叫温婷的孩子还提起，希望能参加管乐团，学习音乐。另一个孩子小珍酸酸地说："那是有钱人学的。不是我们这些穷人学的。"

❀ 连吃饭都有问题了，怎么学音乐

当时，我便严正地说明："音乐没有贵贱之分，任何人都能学。"

孩子质疑地问我："乐器都很贵，学费也很贵。我爸说吃饭都有问题了，哪有闲钱学音乐。他叫我不要做梦了。校长妈妈，你说的任何人不包括我噢！"

当场，我尴尬地解释所谓的音乐，是生活中的音乐。雨声是乐音，虫鸣鸟叫也是。我再举打击乐的乐器，也会采用我们的日常用品……我说了半天，孩子虽微笑听着，但脸上掩不住失望。

我说的不是她们要的答案。

"放心啦！校长妈妈一定会成立管乐团，让你们免费学音乐。"

我一说，她们立即兴奋地说："一定要立即报名。"

"可是乐器很贵耶！"温婷替我忧心钱从哪儿来。

"哎呀！你不用替校长妈妈烦恼啦！她一定有办法的。"小珍对我可真有信心。

✿ 一把萨克斯风+两把小喇叭=管乐团？

但我现在可窘迫了。

高老师募来的旧乐器，光修理费就需要数十万。"修理费不说，零件有没有就是个大问题。"乐器行老板如此说明。

我找来校友陈仰予老师帮我忙。他曾在乐器行任职，目前在多所学校担任管乐团指挥。

他知道我学校穷，无法租乐器车把乐器载过去，因此协调乐器行派车，帮忙载回去。

个把月后，他告诉我因为欠缺零件，只能拆掉重组，十几把乐器组成完整的三把。

我泄气得很，心里有些怪高老师："借到那一点点旧乐器，就梦想成立管乐团。"一把萨克斯风＋两把小喇叭＝管乐团？

✿ 终于借到七把乐器

"校长，凤鸣中学曾买了几把乐器想组团，可是他们没成功。或许，你可以去跟他们借。"

仰予把乐器行的讯息告诉我。我一听，毫不迟疑，带着淑娥立即前往。

凤鸣中学与宏仁中学有六十几公里的距离，是一所规模仅六个班的小学校，也是我的中学母校。

或许是母校的因缘，陈恒旭校长考虑了一下，答应了。

总务处蔡永祥主任高兴地说："东西要有人用才好，放着也是形同浪费。"

当天，我们借到了七把乐器。

十把乐器依然无法组成管乐团，所以我在合作社与退休老师们喝茶时，才显露烦恼神色，让心细的淑芬发觉了。

❀ 碰了一鼻子灰

"校长，初中有乐器可以借，高中应该也有吧？说不定他们有旧的乐器，还可以送给我们呢！"吴清源老师给我出了个主意。

"仰予，你帮我查南投县成立管乐团的高中有哪些。"我马上打电话给仰予，他也立即把资料给我。

其中某一所邻近的高中，教务主任正好熟识，向他打听。他说我真幸运，问到他们学校就对了。

"前几年，训导处花了一百多万元购买乐器，参加管乐团的人不多，而且练习也是有一搭没一搭的，一整年，练不了几星期。有些乐器，还摆在仓库没拆封呢！你找训导主任问看看能不能借，但千万不要说是我告诉你的噢！"

噢！耶！太棒了，我打电话给那所高中的校长。他说不清楚乐团的情形，要我直接与训导处联系。我迫不及待要淑娥先打电话给该校训导主任，询问他们管乐团的事情。

"我们有许多孩子到他们学校就读，你告诉他，先借乐器给我们的学生练。这些学生将来若去读他们学校，就形同我们先帮忙训练，让他们接收。"我喜滋滋地开始在脑海里规划借到后成团的事宜。

淑娥在午后找到了那所高中的训导主任，也表明了希望，更提出我们学生就读那所高中的比例。

"我想我们是他的大客户，他应该会借的。"

淑娥说到这里，叹了一口气："谁知道他们拒绝了。"

"他们不是没怎么使用吗？听说有很多都未拆封呢！"我急了！也气了！

"主任说有可能会再练，所以不能借。"

"你可以告诉他，等他要练的时候，一定保证完整归还。"

"我都说了，但他仍不同意。"

淑娥告诉我周旋的过程。

我听着、气着，不禁沉重地叹了一口气。

"我之前打电话给校长，他说由主任那边决定，我就该嗅出不对劲了，竟然还单纯地要你打电话。"我抱歉让淑娥碰了一鼻子灰。

"没打的话，就没办法确定他们的立场，也就不会知道他们是何种人。"淑娥反过来安慰我。

✿ 最深的挫败

那晚，我打给昔日的一位长官，他也在当高中校长。

我委屈地把所碰到的事一五一十地告诉他，以为他也会义愤填膺，但没想到，他却笑我："你太单纯了，这是他学校的财产，他为什么要借你？"

"就算不用，也不借。"他以绝对的语气说着，然后再加一句，"就算我，我也不借。"

我失望地挂断电话，想到小小偏远学校的主任说的："东西要有人用才好，放着也是形同浪费。"再对照高中校长说的："就算不用，也不借。"更想到温婷、小珍的希望，我沉沉地叹了口气。

那夜，我走上四楼，想吹吹风，透透气。

抬起头看夜色，夜，好黑！好黑！

到台北放手一搏，争取管乐团经费

同人好意地劝我别成立管乐团。他们说："就算有乐器，老师的钟点费呢？那更是惊人哪！"我告诉他们，那不成问题。但，接着他们说出了他们内心的一个想法，就让我整个快抓狂了。

"我拿到管乐团经费了。"我打电话给老公，只说了这句话，便哽咽得无法言语。

为了借到乐器，我伤透脑筋，整个人像要疯了似的。

因为来宏仁中学已经迈入第三年了。四年一聘的任期，我若第四年期满被调走，怎对得起高任勇老师？

看到温婷及小珍，我尴尬地说："对不起。"

她们很体贴地跟我喊："加油。"还说相信我一定能做到。只要能成功，就算是让学弟学妹们学，也是很棒的。

我想到没法可想了，只好找许铭仁。

我开始对他游说社团活动的好。我告诉他多元学习活动，能培育弱势孩子的能力。有趣、多元的学习活动也可以降低中辍率，最重要的是我成立管乐团，让高关怀①的孩子及家境差的孩子就读，可以借音乐化解压力，纾解忧愁。

"想想看，救回一个忧郁自伤的孩子，无价呀！"

---

① 高关怀，指对出现旷课等问题行为的学生要特别辅导。

他听我费心地说明，知道我的用意。

他笑着说："年底要召开基金会董事会。你来等看看，看最后有没有时间让你报告，以争取经费。"

许铭仁说，他不敢把握一定有时间。

我告诉他："只要有一丝机会，我都会努力把握。"

✿ 连五线谱都不会，怎么学

台北的冬天，阴阴郁郁的。那天，我在内湖区瑞光大楼基金会总部办公室等，董事们在会议室开会。我一颗心悬着，心里惴惴不安，也难消郁闷。

我的郁闷来自我要到台北前，有同人好意地劝我别成立管乐团。

他们说："就算有乐器，分部老师及指挥老师的钟点费呢？那更是惊人哪！"

"学生连五线谱都不会看，怎么学？"

我觉得他们说的都是可以解决的问题，所以我只是一笑置之，并告诉他们，那都不成问题。

但，接着他们说出了他们内心的一个想法，就让我整个快抓狂了。

"校长，这边的孩子学不来的。你不要打击孩子的信心，你不要消费这边的学生了。"

我不明白，为什么他们要对孩子这么没信心？

第一年我来，他们便说宏仁中学只有不入流的学生，教不来的。事实证明，我们用对方法，成绩年年提升，按比率算已可说是埔里第一第二了。这样的数据，竟还不能消弭他们的疑虑？

✿ 教育的最大产值

"李枝桃，来，让你报告了。"许铭仁叫我进入。他引言说明我要帮忙争取经费的用意，然后换我报告。

我记住许铭仁提醒我的要点："四分钟之内，无法说明重点，并吸引人注意，就不算是个好报告。"因此，我掌握为什么要做、如何做、有什么效益、未来性等报告。

"一个乐团要花费一两百万买乐器，你说要帮助弱势孩子学习，砸下这么多钱，究竟能帮助多少孩子？"一位董事以经济效益的观点问我。

我看向他，也缓缓看着大家，清了清喉咙说："从商的人都会说产值、毛利之类的话，我不懂这些词，但我知道只要帮助一个忧郁自伤的孩子迎向阳光，就是最大产值；只要协助一名有中辍之虞的孩子回校学习，便是最大毛利。"

我知道，我这段话已经打动他们了，于是我再继续下猛药："各位记得白晓燕案件中的陈进兴吧？为了抓他，我们付出了多少社会成本？是三四亿元哪！如果今天花个一两百万元在教育上，让我们的社会可以少一个陈进兴，各位，您觉得花这些钱值不值得？"

我说完，已经有人频频点头。

在那当下，我便知道，我争取到了。

但我想，我应该更感性些，于是我下了一个结语："即使撒下一把种子，只有一颗发芽，也请勿吝惜；即使种下一园林木，只有一棵存活，也请勿却步。因为一颗种子也可能长成大树，一棵小树也可能绿荫如盖。"

在掌声中，董事们决议给我经费。

✿ 我不是来要钱的

"看是需要一百万或是多少，提计划上来吧！"

我感谢他们，但我说："我不是来要钱的。"

许铭仁听到我这一说，第一个愣住了。

他一定觉得我在耍他。明明我事先已做好预算表，也先让他看过，怎么在现场却装假，不要钱？

"我不要钱，我要乐器。"

我告诉他们，公务机关有关采购规定烦琐，等到公开上网、招标成功到完成交货，旷日费时之外，又容易因为小细节不查惹上麻烦，我也不想麻烦总务处，因此"可否你们买来送给我们？你们认识的人多，一定可以买到既便宜又好的"。我说完，就把所需乐器的清单交上去。

大家笑了出来。"李校长，原来你老早准备好了。好吧！就买好后，立即送下去给他们吧！"

❀ 意义非凡的要求

"我还有一个小小的要求。"

当我再提出有要求时，大家看向我，一副"你又要怎样"的表情。

"我希望各位董事们能亲自将乐器交给我们的孩子。我想让他们感受到关怀，更想让埔里人知道有一群台北人在关心埔里的孩子，希望能收到抛砖引玉之效。"我说完，许铭仁也出面帮我敲边鼓："我们就当作到埔里一游吧！大家一起去吧！"

一切都确定了后，许铭仁送我下楼。他说我刚刚说得很感人，很流畅。"你有准备噢？"

"机会是给准备好的人的。我沙盘推演、演练多时啊！"我笑着说。

但是到车站候车回家时，我打电话给老公，才讲一句"我拿到管乐团经费了"，便哽咽得无法言语。

是心酸涌上心头，是高兴，但更是另一个压力的到来："钟点费呢？"

我又得贷款了吗？

乐器送来了，希望进来了

"校长，你当初为什么不想一些不用花钱的社团？"

"买这么贵的乐器，会不会到最后变成一种浪费？"

"有一天，你离开宏仁后，这乐团会不会变成新校长的困扰？"

"来了，来了，他们来了。"2008年1月18日，普仁基金会的一群董事们坚守承诺，送乐器到学校来了。

孩子们兴奋地喊着。看着一辆辆从没见过的名车进入校园，大家的眼睛都放大了，嘴形也都呈现"O"形。

"校长，你的小March还真是小。"辅导主任孟桂笑说，奔驰车与我的白色小车并列在一起，有强烈的对比。

我笑着回她："我的虽小，但很有力量噢！"一句话让我们相视一笑。

开始卸下乐器时，大家的嘴形又再一次呈现"O"形，眼睛也瞪得又圆又大。

崭新乐器闪亮的颜色让孩子"哇——噢——"地大叫，法国号的巨大造型让孩子"哇"得更大声。

地方人士、家长与老师们汇聚一堂。大家在礼堂中，一起见证捐赠仪式。

董事们把乐器交给孩子，一句："加油噢！"一声："你一定可以！"孩子的眼睛亮了。

我看到希望的光芒在孩子的眼中闪烁，我也看到董事们的眼神变了，一个个从凛不可侵的大企业董事变成温柔的叔叔伯伯了。

转身，我也看到家长及老师们的眼神，是高兴、喜悦，但似乎还有一点别的东西。我想是我多心了。

❀ 加料的午餐

中午，许铭仁事先拿了一笔钱，要我给孩子们加菜，董事们也一起与孩子们用营养午餐。简单的三菜一汤，外加许铭仁送的鸡腿，让大家吃得津津有味。

"这可能是我们吃过最好吃的一餐了，你们加了什么料哇？怎么这么好吃？"基金会执行长心满意足地一说，其他董事也频频呼应。

"加了一个特别的料，很特别的噢！"

我这一说，他们都看向我。

"加了你们的爱心。这个材料够特别吧！"

我一说，大家都笑了。

执行长吕连枝再舀一勺汤说："这么特别的材料，要多加些才好！"

当天送走了董事们，与一些老师及家长聊天，我仍处于兴奋的状态，以为他们应该也是一样兴奋的，可是我又看到了他们眼神中透露出特别的讯息。

❀ 我总是想，一定有办法的

有人问我："管乐是有钱人玩的玩意儿，音乐班的学生要缴多少钱来请老师指导哇！我们的孩子都那么穷，学校也没经费，你怎么延聘音乐老师？"

有人说出他的看法："校长，你当初为什么不想一些不用花钱的社团让孩子参加？感觉成立管乐团是有点自找麻烦。"

还有人说："买这么贵的乐器，会不会到最后变成一种浪费？"

更有人说："校长，或许你能募款组乐团，但有一天，你离开宏仁后，这乐团会不会变成新校长的困扰？"

…………

125

大家忧心忡忡地表述自己的看法。

全是一群善良的人，怕浪费、怕伤孩子的信心、怕往后需要大笔的经费……

我告诉他们："你们想的、说的，都没错，但你们的思考模式是'有问题噢！没办法'，我则是'一定有办法，没问题'。看吧！我会一一克服问题，找到各种办法的。"

大家不再说什么了，只要我别太勉强。唉！好一群保守的好人！

❀ 主动表示愿意帮忙

从那天后，孩子们便展开练习，我的校友陈仰予（已是管乐比赛的常胜指导老师），主动表示愿意帮我的忙。每星期从台中来埔里两次，教导我们的孩子。

我开玩笑地对他说："我们能给你的钟点费是360元，正好付你来回的车钱，再加一个60元的便当，你等于是来当义工噢！"

他笑笑地回答我："本来就是为了帮你的忙啊！"

❀ 不能对不起人家呀！

寒假期间，已毕业的温婷回来找我聊天，要从孩童转换成少女的她，虽开始出现时模样有点矜持，但说起话来，还是不改过去的爽朗、活泼："校长妈妈，以前你说会帮我们学校成立管乐团，我们以为你说着玩的，没想到，你真的找到资源了，真的成立了。"她叽里呱啦地说看到报纸报道基金会赞助的新闻。

我与她聊着学校的近况，宁静的校园却老是有"噗——噗——"的噪音传来。我忍不住跑到外面走廊，往楼下喊新上任的总务主任林志南："志南，是什么机器坏了？找人修一修吧！"

他用手指着后方的视听教室："校长，是管乐团在练习啦！"

我一听，尴尬得不得了，只好自我解嘲："一年后就不一样了。"

我身后的温婷不禁笑了出来。她说看到学妹们拿着崭新的乐器在练习，心里好羡慕、忌妒，语调有些酸酸地说："唉，我们就没这个福气呀！"

我向她抱歉未能在她毕业前募集到管乐器。

她马上说没关系，学妹们能练到就好了，还说："等今年暑假，我要回来督导学妹们练习。人家送我们这么好的乐器，如果不好好练，不是要对不起人家了吗？"

我听着她时而低沉时而高亢地发表意见，笑着拉过她的手拉钩。决定今年暑假让她回来当个小老师，她高兴得拼命点头。

✿ 为了练习，吹破皮

开学第一天，一个孩子拿着一把乐器，很有自信地向我问好。

我问她吹哪种乐器，她告诉我是竖笛。

我随口说："那不容易吹耶！"

孩子马上把头仰高，让我看她的嘴唇："校长妈妈，你看我的嘴唇都吹破了唷！"我心疼地要她小心点，先歇歇，别再练习了。

她却直摇头："不行的。年底要比赛，快来不及了，我们想要有好成绩给那些送我们乐器的叔叔伯伯看。"

说完，她抿了一下嘴唇又说："我还要让我的邻居看看我们可以参加比赛的。他们竟然笑我们，说校长你在玩我们。校长妈妈，你别担心。我们很年轻，没事的。我们会让那些笑我们的人笑不出来，也会让你骄傲的。"

说完，她笑着跑开了。

看着孩子的背影，二月的寒天里，我心里面却觉得暖呼呼的。

我知道孩子一定可以的，我就是知道孩子一定可以的。

全县管乐竞赛初体验

> 我看到陈老师一听到哪里吹错了，就重来一遍，而且每一次都错在同一点，不禁急着叫："都要比赛了，还在纠正，连一遍都未曾走完，怎么比？怎么比呀？！"

"校长，怎么办？我一直连续失眠，紧张到胃痛。"

音乐老师晓君在全县音乐比赛前一个月，便向我诉苦。原本就是巴掌脸的她，因为紧蹙着眉，脸蛋儿显得更小了。

"届时上台指挥的是陈仰予老师，又不是你，你紧张个什么劲儿？放轻松！放轻松！"我安慰她，但她的眉依然舒展不开来。

记得一开始练习管乐时，陈仰予老师便问我要不要让孩子参加比赛，我点头说："要！"

"不管比赛成绩如何，总要让孩子们到外面看看、学学。最重要的是，比赛代表对他们的肯定，因此把目标放在县赛吧！"

为此，不但陈老师加紧脚步教导，学校的音乐老师、学务处的郑主任淑娥、前后任训育组组长的玲玟及语婷，都铆足了劲儿，盯着学生学。

期间，我看到孩子们吹到嘴破了，仍用力地吹。我也看到老师们心急地鼓励孩子，甚或责骂孩子。但最重要的是，我看到孩子们的脸上散发出光彩。

❀ 气质大改造

一个个原本不识五线谱、没摸过乐器的孩子，拿着乐器回家练习时，不但腰挺直、头抬高，重要的是，在他们的身上看到了自信。

"音乐的改变力量太大了，如果让这些高关怀的孩子去练田径，可以发泄他们的体力，却改变不了他们的气质。没想到，一把长笛、萨克斯风就可以让他们'走路有风'，太神奇了！"

辅导主任孟桂笑着说起一个原本讲话、走路都充满江湖味的孩子，拿起乐器后，脸上有棱有角的线条竟然变柔和了，说起话，也刻意地文雅起来。

"太神奇了！太神奇了！"孟桂频频惊叹着。

其实，我可以理解孩子们的改变，因为那把乐器对他们而言就是身份、地位的象征。拿着乐器的他们，自我感觉身份、地位提升了，自然走路、说话都不同了。

❀ 不想孩子留着缺憾哪！

记得我小学二年级时，我的音乐老师带着她的儿子来学校玩。一个来自市区的男生本来就吸引人注意，又看到他坐在风琴前，优雅地弹着曲子。大家都跑来听他演奏，对他也就充满敬意。

对当时住在八卦山上，经济普遍不佳的我们来说，他会弹琴，就代表他的身份、地位高我们一等。

由老师的儿子弹琴的那一幕，我开始梦想自己坐在钢琴旁，优雅地舞动十指，在黑白键上轻柔地弹奏着，于是我忍不住向父亲提出要求，要学钢琴，但父亲却拿出一把口琴给我。

他告诉我，别看轻这一把可以放在口袋随身携带的口琴。这一把小得可以让你忘了它的存在的口琴，它能在吐纳吹吸中，创造出优雅的乐音，让听到的人感动不已。

当时任由父亲再三游说，我仍任性地拒绝父亲的好意，也拒绝了音乐。

我女儿小学时也要求学钢琴。当时，我的经济情况并不允许买钢琴，因此我以钢琴无法随时携带在旁练习为由，劝说女儿改学长笛。我也一样以方便携带、很有气质等理由游说女儿接受。

当时，我没有对女儿说明经济困难的原因，但心中却明白了父亲当时要我学口琴的无奈，也由之我在以前的中学服务时，成立管乐团，到宏仁中学一样成立。因为我多希望让无法拥有乐器、想学的孩子能有机会学习，有机会上台，不要像我一样，留着一个缺憾哪！

❀ 这决定会不会太残忍？

不过毕竟他们没有音乐底子，不像他校的管乐团是要甄试、挑选成员的，所以十个月的时间要学会看谱吹奏已不容易，又要仓促地练习指定曲及自选曲，简直是不可能的任务，难怪老师个个紧绷着神经。

淑娥就曾开玩笑地说："学生没被吓死前，我们会先被吓死；他们没被累死前，我们也会先被累死。"

我原本都是轻轻松松的态度，只负责慰劳老师、鼓励学生，但比赛前一天，听到晓君报告说他们都分段练习，竟然未从头到尾吹过一遍，我也紧张地大叫："这样怎么上台比赛呀？"

他们听到不禁扑哧笑出来："哈哈！原来校长你也会紧张啊！"

当天比赛前，我向在比赛地点附近的南投高中借用活动中心练习。

我看到陈老师一听到哪里吹错了，就重来一遍，而且每一次都错在同一点，不禁急着叫："都要比赛了，还在纠正，连一遍都未曾走完，怎么比？怎么比呀？！"

晓君看我着急的模样，忍不住笑着安慰我："别紧张。"还要我相信老师、学生。

但要叫我如何相信？人家说眼见为凭，我总要"听过"才可以相信吧！

因此当他们进入比赛时，我吓得坐立难安，只好跑到门外透气，又开始"阿弥陀佛""大慈大悲观世音菩萨"地念着。

一边念，我也一遍遍反思，要孩子们参加比赛的决定会不会太残忍？他们若吹不出来，以后如何重建他们的信心？

❀ 全都是我的孩子啊！

我愈想愈紧张，脚步也愈错乱，在外面，我根本无法静静地坐着或站着。

但晓君老师说对了，的确要相信老师及孩子。

站在门外的我，被他们演奏的优美曲调所吸引。我开始一步步往里面移，他们顺利演奏完指定曲，我已忍不住想叫好，但不能叫，我只好抓着旁边的人说："他们好棒！是不是？"

旁边的观众笑着点头，还问我："你的孩子来比赛呀！"

我点点头。

他问我："哪一个？"

我用手一指："全部都是。"

那人带着狐疑的眼光想问我，下一曲已经要开始了。我用食指放在唇边，要他别问了。

接下去，演奏的曲目是陈老师特别为我们挑选的《创世纪》，时而磅礴、时而柔美的乐音，让我的泪水夺眶而出。

我好想大喊，好想大叫："这是我们宏仁的宝贝。这是一批从不敢想象能学习演奏乐器的孩子。"

❀ 我们做到了！

孩子比完后，个个兴奋地叫着："好紧张噢！超紧张的！"

老师们也难掩兴奋地对我说："他们做到了，他们做到了！"

"不，不仅是他们做到了，也是我们做到了。"我告诉老师，是一群我们认识与不认识的人做到了。

想想若非善心人士捐款，普仁基金会的引导计划怎能成行？若非学校老师努力不懈地指导，孩子怎能表现出色？若非学校附近的地母庙知道我们的努力，主动表示要捐助第一年的钟点费，我们怎有能力聘请八名分部老师来指导？

成绩公布后，出乎我们的预料，我们竟取得代表权，可以参加明年三月的全台湾地区比赛分区赛。

❈ 向全台湾地区比赛迈进

"我想就到这里为止吧！"我担心孩子去参加全台湾地区赛，会因挫败而伤到自信心，因此设定停损点，到县赛为止。

"孩子一定很期盼参加的。我们应该要让孩子去比赛的。"

有老师听到我不让孩子参加全台湾地区分区赛，纷纷来建言。

他们一字一句都是要参加，不要伤了孩子的心。

我沉重地告诉他们："没有钟点费呀！"

一听到钟点费，语婷紧张地大叫："对噢，怎么办？明年三月要参加全台湾地区比赛，势必要加紧练习，外聘老师的钟点费怎么办？"

"哎呀！别紧张，我们可以到外面演奏募款。"

"我们可以找有能力的家长委员捐款。"

"先从我们自己做起吧！来，大家先把出差旅费交出来噢！"……

看着老师们努力地想办法凑钱，想着孩子们从欠缺自信的乡下孩子，到今天穿着白上衣、黑长裙，优雅且有自信地在台上演奏。

《创世纪》的乐音仍萦绕在耳，我的泪水又止不住地流了出来。

他们哭着回来

近六点时，淑娥打我电话。我急着问："是成绩怎么了吗？""成绩怎会这样？"我一听，心中大喊不妙："怎么，连个甲等都不给吗？"

"为了孩子要参加全台湾地区比赛，捐出我们的出差旅费或钟点费吧！"淑娥一吆喝，竟收到17万多元。

这一个比赛激起了老师们的斗志。

他们意识到原来我们的孩子，不一定非得练习拔河或田径、棒球等消耗体能的运动项目。

在大家的认知中，困难重重的音乐领域，我们的孩子竟也能拔得头筹，这个事实让以往大家的质疑都不见了。如今，大家见到孩子，就是一句句"加油！""要努力噢！""你们太厉害了！"孩子们整个容光焕发，成就带来斗志与毅力。

从比赛回来，他们知道老师们的成全，才让他们能参加全台湾地区分区比赛，就更急迫要练习。

❋ 一个都不少，天天拼命练习

寒假期间，孩子们一个都不少，天天到校练习，许多老师也跑来听，并看看有没有什么好帮忙的，但更重要的是，来给孩子加油打气。

"哪会这么棒啊！这是我们宏仁几十年来第一次耶！"退休的吴老师喷

啧称奇。

"最重要的是，整个学校都融入其中，大家不分彼此，这种感情的表现也是几十年来第一次。"冉老师也说出他的感慨。

"我妈妈说她觉得非常感动，要我帮她捐两千元。"合作社淑芬用强调的语气形容妈妈的感动。

我接过两千元，请她转告她妈妈："这是宏仁管乐团永远的基金，是孩子们永远的力量来源。"

诸多的祝福汇集成一股力量。孩子们要出发前，已充满雄心壮志，俨然自己必得冠军般。

❀ 我心中的痛

我想到小时候参加语文演讲比赛，意外得了个第一。报纸上刊载我的名字，我恨不得让全村的人都知道，拿着报纸四处问婶婆、叔公知不知道这个新闻。

当时，我父亲带我到后院的池塘钓鱼。住在山上的我们老是缺水，因此爷爷就挖了个大水池，池里养着吴郭鱼。我喜欢和父亲一起钓鱼。

向来不苟言笑的父亲，问我池塘里什么鱼最大。

我不假思索地回答："吴郭鱼。"

父亲点点头，手拿着钓竿，眼睛看着水面，缓缓地说："你就是池塘里的吴郭鱼。"

我的父亲受日式教育，做事严谨，做人更是严厉。我们兄弟姊妹在校考试得100分，企盼他看到考卷会高兴地夸一两句，但他总是冷淡地说："那就是一个学生该认真尽到的本分，没啥好夸的。"

因此当我听到父亲说，我是池塘里最大的吴郭鱼，我既感动又兴奋，觉得父亲说的一定就是我出去比赛，一定会得第一。

比赛惨遭滑铁卢回来后，我低着头，进家门，不想吃饭。

父亲要我别为一个必然的结果伤心。我气不过，说："你不是说我是最大的吴郭鱼吗？怎会是必然的结果？"

他冷笑着问我："地点在哪里？"

我嗫嚅着说："池塘。"

他稍稍提高音量说："你只能在池塘里称大，出了池塘，你什么都不是。"

这件往事是我心中的痛。"只能在池塘里称大，出了池塘，你什么都不是。"这句话虽残忍，但说得没错，是我没认清情况，明白己力，才会由云端狠狠摔下。因此，我绝不能让孩子们遭受到过度兴奋后重重摔下的苦楚，所以我要淑娥在他们出发去比赛前集合，我要鼓励他们。

❀ 孩子承担得住吗？

孩子们真的兴奋莫名，一个个盘腿坐着、仰着头看我，还说："校长妈妈，你要开会，不能去看我们比赛，太可惜了。我们一定会拿到好成绩，送给你的。"

"宝贝，一个比赛是一个验证，验证我们努力的结果。今天不管你们比赛成绩如何，你们的认真，我看在眼里，在我心中，你们已经是第一名了……"

不论我说什么，他们都一个劲儿地点头，脸上还是藏不住笑意。

我看着这些小脸蛋，心里着急着：今天他们要遭受多大的挫败呀！他们承担得住吗？

"校长，你是担心人家都是从小训练的好手组成的管乐团，我们是从零开始的零零落落（闽南语谐音）团。我们的成绩会很难看，是吧？"淑娥解读我的心理。

我告诉她，全台湾地区分区赛是很仁慈的，再差都会给个甲，所以不用担忧。

我只是烦恼孩子过度期望，会导致过度失望。

"比赛完就回来吧！别等成绩揭晓，这样住在山上的孩子，就可以早点安全地回家，也可以避免当场遭受打击。"我如此交代淑娥。

❀ 我没办法不这么爱孩子

"淑娥，都四点了，你们早该到校了。苗栗到埔里，三个小时也该到了吧！"下午我打电话给淑娥，噼里啪啦地问。

"孩子说回去后，就要把乐器交给学妹们。他们想多吹几次，所以在苗栗艺文馆外对着马路吹，许多民众都停下脚步听，还热烈鼓掌呢！我看都这么晚了，干脆等成绩公布，参加颁奖典礼吧！"

淑娥也感染到孩子的兴奋吧！讲起话来，少了平日的低沉、稳重。

我可以想象这些孩子兴奋、大声、大力演奏的模样。在他们的生命中，是管乐让他们发光、发亮，是管乐让他们找到了努力的路途。

前一段时日，一个叫佳均的孩子得意地告诉我："校长妈妈，有一部电影叫'摇摆少女'，很好看，但我觉得我们的故事比《摇摆少女》更感人。"我的眼前马上浮现佳均的笑脸。

"我看回来吧！不然，等会儿你还要一路安慰他们。"

我虽如此劝淑娥，但她还是希望能留到最后一刻，"就算最惨痛的经验，该承受的还是承受吧！校长，你不要这么疼爱这些孩子"。

我叹了一口气，答应了。但我没办法不这么爱这些孩子。

✿ 从看不懂五线谱，到和晓明女子高级中学并列优等

近六点时，我正开车回家。在中潭公路上，淑娥打我车上电话，叫我一声"校长"就停顿了。

我急着问："怎么了？是成绩怎么了吗？"

"成绩怎会这样？"

我一听，心中大喊不妙："怎么，连个甲等都不给吗？"

"不是啊！我们怎么可能和晓明女子高级中学并列优等？人家是从小训练、栽培的有气质的公主，我们只是乡下来的聒噪、纯真的小女孩，我们居然和她们并列优等？"

淑娥一连串的"怎么会这样"，她是惊讶过度，还是兴奋过度？

"天哪！我们不只是创下宏仁的纪录，也写下埔里的纪录了。孩子们怎么这么棒啊！他们一定很兴奋吧？"

我跟着兴奋地大叫，若不是在开车，我真要起来转一圈，大叫大跳：

"我宏仁的孩子棒！棒！棒！"

"校长，你听！"淑娥把手机拿开，让我听车上的声音，以为是兴奋大叫呢！怎么是哭声呢？

"校长，你知道吗？孩子们待到成绩揭晓。知道我们得到优等后，大家互相拥抱着哭。有人哭哭停停，一路从苗栗哭到现在，还在哭，搞得我们老师们也跟着哭。"淑娥说着说着，声音又哽咽，说不下去了。

我听着淑娥说，听着孩子们的哭声。

在中潭公路上，昏暗夜色中，我也放声大哭，任由泪水湿满衣襟，任由往事一幕幕从眼前飞掠而过……

回到家所在的小区，我先拐弯到面包店买面包。永远笑脸迎人的老板夫妇看到我，就惊讶地问我："校长，你的眼睛怎么红红肿肿的？"

我把故事说一遍给他们听，我自己又哭一遍。

老板娘秋宜也陪着掉泪："校长，好感人噢！"

❀ 面包店老板感动到要送孩子们蛋糕

老板要我第二天上班前到他店里一趟。

我说："太早了，我都六点前就出门了，何况叫我那么早来是要做啥？"

"今晚，我要连夜赶工。我要送给每个孩子一个蛋糕，你帮我告诉他们：'我没见过比他们更好的了！他们真的很棒！'"

"天哪！我怎么都遇到好人呢！"我惊呼着。

"物以类聚呀！"老板一说，我和老板娘不禁破涕而笑。

❀ 达成一辈子的梦想

第二天，佳均遇到我，兴奋地跑过来："校长妈妈，你知道我们一路从苗栗哭回埔里吗？"

我点点头。她接着问："校长妈妈，如果你在现场，你一定也会哭，对吧？"

我拼命点头，眼圈竟不由自主地又红了。

孩子们在下课时，纷纷来找我，个个喜不自胜。

我夸赞他们，初生之犊不畏虎。

他们俏皮地回我："我们要看老师指挥，又要记住背诵的乐谱，忘了害怕。"

想到当初老师皱眉，抱怨学生看不懂五线谱，只能记简谱；想到孩子们努力地在放学后，一遍又一遍不放弃地吹着；想到熟悉与不熟悉的人，为圆孩子们的梦而捐款或捐乐器，再听到孩子们告诉我："以为一辈子都无法达成的梦想，竟然达成了，我们没办法忍住哭泣。大家说不要哭，我们该大笑的，但奇怪咧！讲着讲着就是忍不住掉泪，结果就从比赛地点哭回家了。"

我的泪再也无法遏抑。孩子们看到我哭，又与我拥抱，哭了起来。

接过他们献上的奖状，我想告诉泼我冷水的人：只要有心，凡事皆有可能。我想勉励有心却退缩的老师：收拾起埋怨，关心孩子，先从我们自身做起吧！

我也想告诉所有的人，帮孩子圆梦的感觉棒呆了！真的，棒呆了！

普仁基金会，开启奉献之路

有个孩子考上了台中市第一高级中学，一年后却必须回乡下就读。当时我建议他申请助学贷款，但家长却对我说："校长，你不了解我们穷苦人家。不是助学贷款就可以让孩子读书的。每周从台中回埔里，光车钱就要300元，还有生活费，怎么办？"

许铭仁接下普仁青年关怀基金会的董事长一职后，他谨慎地问："我该如何才能真正帮助到孩子？该如何才能培养孩子感恩、回馈的心？"

❀ 细腻且周全的配套

我知道他希望钱要花在刀口上，毕竟那都是爱心捐款。他也希望钱用在孩子的教育上，而不致被某些不肖的家长给领用了。

我想起以前我服务的某所学校中的一对兄妹。他们的母亲亡故，与单亲父亲同住在工寮中。有一天，工寮起火，兄妹逃过一劫，但父亲却在火灾中丧生。

当时我们全校师生发动乐捐，一笔二三十万元的捐款，却引来平常不往来的叔伯及姑姑们的觊觎。他们到校争吵要那笔钱，让乐捐的师生彻底感到心寒。

因之，我建议许铭仁要设定捐款的方式及条件：例如按月捐款，可让孩子缴交不时之需的花费，但这些捐款需拨入孩子的邮局账户中。

为避免家长花用，因此受援助的学生家长，需同意印章由导师保管，存折由孩子保管，请导师指导孩子记账的能力及应有的储蓄观念。

而为了孩子的自尊，并让孩子知道我们生活在一个有钱出钱、有力出力的社会中，所以要求被援助的孩子，每月需主动帮助他人做事10小时，让他了解别人出钱帮他，他虽没钱，却有双手的力量可帮助他人。至于帮助的是家人或是何人，应采取信任原则。

❀ 我忘不了家长的表情

我提到每月捐款是因为我看到许多慈善机构，只注意到贫困孩子就学的问题，因此，往往在开学初，补助学童注册费或是营养午餐费，务求帮助学童能顺利就学。可是缴了这两项费用后，学童即使能上学，且有午餐可以吃，但他们仍可能面临缴不出课辅费，而无法加强课业辅导；可能拿不出校外教学经费，而被迫放弃校外教学或毕业旅行……在求学路上依然可能面临无数无钱可交而羞愧低头的窘状。

我也提到之前有一个孩子发愿要考上台中市第一高级中学，并努力地达成了心愿，但一年后却因为家境差，而必须转学回乡下就读，当时我也以"可以申请助学贷款"来询问他的父亲，但担任驾驶员的家长却看着我说："校长，你不了解我们穷苦人家。不是助学贷款就可以让孩子读书的。每周从台中回埔里，光车钱就要300元，还有生活费，怎么办？"

我怎么都忘不了家长心酸的表情。

许铭仁沉思许久，坚定地告诉我："我们无法改变这种社会现象，我们无法改变教育资源的分配，我们无法改变学生的家庭状况……但是我们可以适时地伸手。"普仁青年关怀基金会也由此提出"大手拉小手——助学计划"，开始帮助经济弱势的学童。

❀ 就为了"多养几个孩子"

刚开始，我并不认为他来真的，我认为这只是有钱人一时的冲动与想法罢了，但那年中秋节前夕，我对他的观感完全改变了。

那年中秋节前夕，一群中学同学来家里吃饭、聊天。许铭仁看到大家都是携家带眷，以带点心酸的口吻说："我看我结不成婚，只好来养只狗。"

我立即阻止他："千万别做狗奴才。"

我把养狗的麻烦处一一说给他听，尤其是我家的老狗最近得了心脏病，每星期光住院医疗费用就高达1800元，每个月花在狗身上近万元。

"那么多钱哪！"他惊讶地说完。其他同学就起哄："拜托，你有多少亿元的资产，哪在乎一个月近万元的开销哇！"

"我们基金会每月援助一名初中生是给1500元。算算一个月近万元，可以养几个孩子啊！"许铭仁一说，让我整个愣住了。

"我要帮助他们，让他们有自尊地生活、有保障地学习。"

"我除了要让基金会的爱传下去外，更要让这些受帮助的孩子变成一股爱的力量。"

以前听到他热情地阐述他的想法时，我只是把他视为一个有钱人的想法，并未受到感动，但现在，他竟会在乎一个月近万元的花费，只为了"多养几个孩子"，我怎会不感动？

❀ 付出的幸福与快乐

"以前赚那么多钱，买那么多昂贵的东西，拥有豪宅、名车，也不觉得多快乐。现在付出去的钱愈多，竟愈觉得快乐，尤其是想到付出去的钱可以帮助孩子，便有一种幸福的感觉，所以我现在花钱之前都会想到，若存下来，可以帮助多少孩子呢！"

他淡淡地说着自己的改变，刚刚还羡慕着他有几亿元资产的同学们听完都沉默了下来。

忘了那一晚，我们聊了多少过去的记忆，但，那一晚，我永远忘不了，我们确切地咀嚼了"幸福"的真滋味，我也确信"大手拉小手——助学计划"一定会成功地帮助孩子。

"大手拉小手——助学计划"确切地进行，它按月补助学童就学基金（*初中生每月1500元，高中生每月2500元*）。

第一年，基金会总共援助了全台湾地区二十几所初中，共计500名学生。

南投县的宏仁中学、北山中学、凤鸣中学这三所中学贫困学生优先受惠。

第二年，基金会又再扩大增加援助1200名学童，南投县继宏仁中学等三所中学之后，日新中学、水里中学、中寮中学、爽文中学、集集中学、瑞竹中学、鱼池中学、民和中学、三光中学及名间中学等十所学校的贫困学生也受援助。

在这样的计划下，我学校的孩子们写下每个月担任义工的心得。

有人觉得"因为帮助了别人，所以感到自己并不卑微"。有人"因为那一本存折簿，看见每月剩余的钱逐渐累积，更有'踏实的感觉'"……

❀ 触目惊心的卡片

有一年，我参加普仁基金会庆祝活动时，除了看到捐款人大汇集外，也来了许多受帮助的学生（被称为"小太阳"），纷纷以拿手的节目表达谢意。有些不能来的"小太阳"，也寄来卡片致谢。

我到达得早，便一张一张地翻看卡片，蓦然看到一张粉红色的卡片，不是很工整的字，却写得满满的，看得出来很用心写下他的感想。

他在卡片中提到，家里的窘迫让他很难过，原本坚持的一个信念是："今天世界如何对我，将来我就如何对待社会"，还好普仁义工持续地关心、陪伴，让他知道原来世界有爱，他说："将来我也要关心别人。"

完整且用心地抒发他的想法，我虽感动，却觉得触目惊心。

这个孩子单纯地表达他的想法，其中直接的两句话，"今天世界如何对我，将来我就如何对待社会"，却让我汗涔涔。

想想，如果这个孩子没有碰到关爱他的老师，将他提报给社福单位寻求帮助，如果社福单位只是简单地拨给他数千元便结案，他在惶惑、害怕中累积了对世界的仇恨，一旦长大发泄出来，将给社会带来多大的溃击力量。

由那个孩子写的卡片，我想到一个受到我鼓舞的孩子告诉我，他有一天一定要在舞台上跳舞，让当初瞧不起他的人站起来为他鼓掌。

❀ 孩子们需要的，其实真的不多

也想到普仁捐助的一个孩子，因为参加美发建教班，有薪水后，便主动把捐助机会让给别人。更想到一个参加烘焙职群的孩子，梦想开一家烘焙坊，并与妈妈一起经营兼卖面包的西餐厅……其实孩子是很简单的，他们的反应都是既直接又单纯。

现在的孩子们没什么大梦，只想知道努力过，能否让他们看到美好的未来。我在教育界二十几年，看过形形色色的孩子，他们要的真的不多，他们要的只是在困苦中有陪伴的身影，在灾难中有扶持的双手，在黑暗中有荧荧烛光的引导，在挫败中有鼓励的力量……他们只是需要爱。

世界以爱对待他们，他们就会把爱还诸大地，如此简单。

我真的很高兴拥有许铭仁这个同学，更高兴由他发起的"大手拉小手——助学计划"，帮助了我的孩子们，还有许许多多我不认识的孩子们。

最高兴的是我的同事、家长、社区民众因之而响应，开始了奉献之路。

感人的成果发表会

记得台北教育广播电台专访时，问我："校长，你们的孩子为什么站着吹？不用看乐谱吗？"我告诉她："孩子看不懂啊！"

2009年5月8日，母亲节前夕，我们在埔里艺文中心举办庆祝母亲节管乐团成果发表会。

这是近40年来，宏仁中学第一次在那么正式的场合演出。

志南说曾在那里观看友校的表演，当时心里又羡慕又酸楚地想："宏仁中学何时才能有这样的文艺表演？"没想到，现在我们便即将登台演出。

"真不敢相信。"他这么说，眼神中有着骄傲。

其实，不敢相信的岂止是他而已，凡是在宏仁中学服务过一段岁月，看过宏仁中学兴衰的教职员工都不敢置信。

不过，为了这一场表演，看似镇定的我，心里却有着不可言喻的压力。

❀ 压力庞大到做噩梦

"如果表演的曲子曲高和寡，大家不喜欢怎么办？"

"选在母亲节前夕办理，许多单位都同时在办理活动，万一大家都去庆祝母亲节了，万一大家都去参加别单位的活动，万一大家不喜欢管乐团的演出，万一……没人来捧场，怎么办？孩子们一定难过得要命，老师一定失望极了……"

心中千万个万一，为此我也做了噩梦，梦到演出当日，观众席上仅有三四人，而且还在演出时，频频大声地打呵欠，我吓出一身冷汗醒来。

孩子从全台湾地区分区赛中获得优等佳绩回来后，我便要训导处积极筹划成果发表会："要让乡亲分享孩子们的骄傲，要让捐助人看看他们捐助的成果。"

淑娥问我表演场地是否要在学校礼堂，因为在学校有方便布置、节省乐器车辆租赁费用、学生方便彩排练习等优点，最重要的一点是，不用场地租金。

我坚决地告诉她："我要亲自拜访镇长，我要在埔里艺文中心举行成果发表会。"

镇长爽快地答应："是埔里的孩子要表演，怎能收钱？"

❀ 克服一个又一个难题

"节目单及邀请函，还有海报也要很多钱耶！"淑娥又担忧没钱。

我说埔里镇纸厂何其多，我们善用地方资源，请他们捐助一些纸。我们自己制作，何必担忧钱？

一位忘年之交的朋友——谢照仁董事长，带我拜访造纸厂龙董事长。

龙董事长二话不说就答应了："这是好事。校长，你要多少纸，要什么纸，你就拿吧！"

"会场布置要怎么办？那也需要一笔钱耶！"淑娥又提到另一项忧虑。

我想到林赖足文教基金会曾提到工厂有很多栈板，都是很好的木材，丢掉可惜，可以捐给我们，因此我画了个图，请总务主任志南与退休老师赶工制作罗马柱，然后再请好朋友开关及慧雅帮忙以现有的东西布置。

开关是音响店老板，他看到我们克难的情况，也以最低的价钱，友情赞助音响。

"还有什么问题吗？"我问淑娥。

她沉吟半天："节目不够。孩子就只会比赛这两首，了不起，再加练个两首简单的，但怎能撑一小时的节目？"

我想到当初要到台北争取经费时，曾调查学校懂音乐的有几个人，结果全校有百分之四懂得，又学过。

"在九百人的学校里，也有三十几人可以挑选上台表演吧！"

淑娥点点头。

"这下子都没问题了吧？"我再问。

淑娥点点头，又摇摇头："最重要的问题是，音乐会的主题是什么？"

"我就是爱管"，我定调在这五个字。希望借"爱管"两字，表现出"爱管乐"及"我很鸡婆、爱管"的特质。

❀ 谢谢无名氏

演出当天，我很早到会场，与彩云会长站在门口，欢迎贵宾。几位家长委员也陪我们站成排，欢迎大家。

我念念有词地说："万一没什么观众，可怎么办？"看到汹涌的人潮，我终于欣慰地、放心地吁了一口气。

"还好，有蛮多人来参与的。"

一位家长听到我如此说，嘉许地对我说："校长，你这么用心，请了宣传车大街小巷地宣传。当然，一定会有很多人来参与。"

我一头雾水，转问彩云："学校没经费请宣传车，是家长会请的吗？"

她摇摇头说："我也以为是学校处理的，而且还不只是宣传车而已。我们还看到夹在报纸里的广告呢！若不是学校请的，那到底是谁请的？"

是啊！到底是谁花钱请宣传车，协助我们宣传？

去广告公司了解，他们的回答是：无名氏。

❀ 终于完成音乐老师的临终请托

当天，整个演艺厅挤得水泄不通，座位全坐满，还有许多人是站着听到结束。

演奏进行中，全场鸦雀无声。大家沉浸在乐音中，舞台上的孩子一个个认真严肃的脸蛋，借由录像机投射在舞台背景幕上。

我看着，我听着，我想到已是癌症晚期的高老师，撑着病体到学校找我，殷切希望我能把低气压的学校带起来，并成立管乐团。

我在心里呼唤他："高老师，我达成你的心愿了。你看到了吗？"

我也想到有一年，台北市第一女子高级中学乐队到岛外表演，获得很高的声誉。一个孩子告诉我："我看了也好想学噢！可惜那是有钱人才有可能学的。"我看到她无奈、失望的眼神。

现在我想告诉那孩子："音乐不是有钱人才能学，你们都可以。"

困难，没有解决不了的

我更想到从成立到训练过程中，有多少的质疑与反对声。记得承办音乐比赛的台北教育广播电台进行专访时，问我："校长，你们的孩子为什么站着吹？不用看乐谱吗？"

我告诉她："孩子看不懂啊！"

那些"豆芽菜"曾让孩子感到困顿、挫败。我请仰予把它改成简谱。

"把它背下来吧！比赛就两首。一年来背，没问题的。"

我告诉主持人及听众："没有什么困难是不能解决的。"

最后，我想到那晚，我下定决心告诉先生："我可能真的要贷款了。我一定要聘请分部老师来教，让这些不识五线谱、不敢奢望能学乐器的孩子能骄傲地站上舞台演奏。"

我想告诉地母庙董事长及善男信女们，谢谢你们的善念善款，让我一直不用贷款，谢谢神哪！

"校长，我忍不住要哭出来了。"在如雷般的掌声中，彩云告诉我，她掉下了眼泪。

我知道，因为我也掉泪了。

许多人都掉泪了，《创世纪》这一首曲子选得真好、真贴切呀！我们创了一个纪录，一个创世纪的纪录哇！

阿嬷捐出口袋里所有的钱

成果发表会后，帮忙签到的接待家长丹桂告诉我："有很多家长感动得主动捐款噢！"

她告诉我，有一位阿嬷在演出后，掏出口袋中所有的钱，共有219元，一股脑儿地放在签到桌上，激动地说："谢谢学校把孩子教得那么好，谢谢学校把孩子教得那么好。"

那一年暑假，汉儒基金会邀请我们到台北中山纪念馆演出，与殷正洋、小百合、王海玲、杨燕等有实力的老牌歌星同台演出。

在后台准备时，孩子们说："天哪！这是一生的光彩。"

老师们也说："何止你们光彩，我们也感到很光彩。"

随行帮忙的家长也抢着说："我们当宏仁中学的家长也很光彩。"

"好了，等一下把这光带出去，让大家睁不开眼吧！"我故意演出被光线刺眼、睁不开眼的模样，把大家都逗笑了。

❈ 从宏仁中学管乐团，到埔里管乐团

演出隔天，我带着几个孩子到教育广播电台接受采访，主持人问他们训练的过程及一些难忘的事，最后问到孩子学习管乐的过程带给他们的改变是什么。

佳均第一个跳出来说："以前对自己较没信心，不晓得自己能做什么。现在觉得连这么难的音乐我们都可以学得来，以后就不怕任何困难了。我以前只敢想毕业大概就读私立学校罢了，现在，我知道我以后一定要读公立高级职业学校。"

一年后，佳均与其他同学超过八成考上公立高中或公立高级职业学校。第二年的比赛，一样成果辉煌。

在发表会上，我诚恳地请托："台北的普仁基金会给了孩子们乐器，给了希望。地母庙帮我们照顾这一颗颗希望的种子，现在种子纷纷发芽成长。未来，我们需要更多园丁，来帮忙照顾更多幼苗。当台北人来帮我们的子弟时，我们埔里人是否也能站起来帮忙、照顾？可否让宏仁中学的管乐团，不只是宏仁中学的管乐团，而是埔里的管乐团？"

于是，宏仁中学管乐团后援会成立了。当地士绅及善心人士也纷纷捐

款。林进财董事长更是年年捐款，他总是客气地说："我一定要多赚点钱，才可以帮助你们。"

我终于可以大声地说："我没把管乐团变成我卸任后新校长的困扰，我也没因为我离开宏仁，而让管乐团断炊。"

我年年参加宏仁中学管乐发表会。一到会场，后援会的伙伴就喊我："同志、同志。"

真好哇！爱的路上有同志相伴，希望的途中有同志互相打气，多好哇！

第五章　为翻转学校而战

角力赛解决"十大恶人"

淑芬说："校长，你不知道他为了帮孩子考体育班，每天放学后，用他的破摩托车载孩子去练习游泳，听说都是他出钱的。"傍晚时，果真看到孩子坐上他的机车后座。在夕阳下，像一名父亲载着儿子前行。

在2008年1月18日那天，普仁捐助管乐器给学校的记者会召开前，我们安排角力队的表演以迎宾。其中，"十全十美"的表演让大家惊呼连连。

❋ 屏住呼吸的表演

刚开始，第一个孩子翻滚后趴伏在地，第二个孩子，跃过第一个孩子再翻滚后，趴伏在第一位的身旁，第三位就必须跳过两人并翻滚，然后再趴伏在第二位旁边，依此类推。大家看到第七位时，已经快惊叫出来，第八、第九位，更让大家惊叫连连。到第十位时，全场屏息以待，唯恐一点声响，会让孩子跳不过。

第十个孩子很戏剧性地往前看，摆出要冲刺起跑的模样，似在评估，似在调整呼吸。

大家看着他，静静等候，不敢大力呼吸，甚至屏息以待。

然后，看到他抬起脚跟，跑了出去，像只美洲豹般冲出去，"咻——"一声，在第九个趴伏在地的孩子旁跃起，身体像弹簧般，呈现一条美丽的弧线。

跃过去——跃过去了——大家恢复了呼吸，成圆形的嘴巴发出"哇——"的赞叹声。

十个孩子站起来敬礼时，如雷般的掌声响起。

孩子们很骄傲地再一次敬礼下台，大家的掌声不绝。一个孩子在下台时，偷偷地对我比了个"耶"的手势，连眼神都带着笑意。

那天结束后，一个角力队的孩子笑眯眯地凑到我身边，问我："阿母，我们表演得好吗？"

我竖起大拇指，夸赞："天哪！你们真是太棒了，不但我要掉泪，那些贵宾也都忍不住要感动得飙泪呢！"

说起当天的表演点滴，我仍忍不住骄傲，但也有点担心："你们会不会太累？那些表演会不会太危险？"

他调皮地笑着说："是很危险，如果是由你来表演的话。"

我作势要敲他，他马上又一本正经地说："表演给捐款的贵宾看，一点都不累！下次他们再来，我们还要再表演。"

✿ 载回被淘汰的角力垫

当天，普仁基金会的义工心媛说她看孩子表演时，想到自己过去练体育辛苦的历程，再看孩子们努力翻滚、跳跃的模样，感动、感慨之余，一度跑到会场外面拭泪。

我告诉心媛，虽然他们的表演我已经看过两三回了，但每次看到他们专注、认真的模样，我仍忍不住要热泪盈眶地在心里大喊："宝贝，加油！"

宏仁中学的角力队是学校体育组组长侯永盛老师所创立的。他在介聘至宏仁中学担任老师前，已在北梅中学推广角力运动，并栽培了许多优秀的选手。

来宏仁中学的第二年，他发现北梅中学要淘汰一批角力垫。他问我可否去载回来，让他运用，来训练选手。

"学校有许多孩子有过动的倾向，让他们来接受角力训练，可以发泄他们的体力，减少训导处的困扰。"侯组长说出他的训练规划，我要他全力以赴，并表示有机会即帮忙买新垫子。

他笑着说："有好的器具固然重要，但没钱也有没钱的做法。校长，你不用太勉强。"

于是他把旧垫子裁回来了，除了固定的角力技巧训练用垫子外，其余的体能训练就运用旧轮胎，单、双杠，还有从礼堂二楼栏杆垂下的绳子，让孩子往上爬，训练手臂力量。

我看到他们摔呀滚哪的，总会心惊胆战，频频要侯组长注意安全。

有着温柔外表的他，笑着说，他会注意的。

✿ 像老爹一样

许多老师都说侯组长不像体育老师。他年轻时应是英俊挺拔的，一口缅甸华侨的腔调，说起话来，没啥重音，软嫩软嫩的，连笑声都轻轻的。

我常说他的老婆一定很幸福，有这么温柔的老公。但温柔的他，对孩子的训练却十分严谨，暖身运动、基础训练等扎扎实实，毫不马虎。

严厉的他，在训练完时马上换一副态度，买营养品让孩子补充，以增强体力。

孩子都说他像老爹一样。

我说，像他这么认真又疼爱学生，愿意为学生付出牺牲的老师真难得。

淑娥提到侯组长家有一名自闭儿，照顾这个孩子让他心力交瘁。他还能拨出时间及体力来照顾学生，更是难得。

我一听，终于明白了。为什么他特别提到要帮助过动儿等，原来他是以一种自身伤痛来疼惜、栽培孩子啊！

✿ 金牌带来的自信

记得之前有一个叫小豪的孩子，一入学就让老师头痛不已。他与另一名学弟，在小学时曾被形容为"十大恶人"之一。他们会整老师、打同学，进入中学后，辅导室协助他们做鉴定，才知道是过动儿，需要长期吃药。

后来学校设立角力队，侯组长接手两个孩子的辅导工作，让他们加入角力队，每天翻滚，做各种体能训练。他们不仅不需要吃药，还变得有自制力。

一年后，在全台湾地区中学生运动会比赛中竟夺得金牌。

我问他们，一块金牌可以得多少奖金。

小豪得意地告诉我："10万元加上主管部门颁发的3万，共计13万元。"

我惊呼说："哇！宝贝，你变成有钱人耶！"

小豪以正经八百的神色回答我："校长妈妈，钱不重要，好吗？重要的是荣誉。"他在说"重要的是荣誉"时，加重语气的模样，让我忍不住笑了出来。

他看我笑，也跟着笑出来。

一双眼睛滴溜滴溜地转，然后他像发现重大事件似的告诉我："校长妈妈，我告诉你噢！我发现一件事噢！"

他实在很会逗人。讲到这里，他故意停顿一下，看我的表情，发现我真的很认真，而且露出很好奇、想知道的模样，他才满意地说下去。

"我们村子没有一个人读大学噢。"他很慎重地说出他的发现。

"快了，快了，很快就有一个人要读大学了。"

我的回应让他产生好奇，他马上问："真的吗？是谁？校长，你认识吗？"

我点点头，并指着他说："就是你呀！"

他惊喜地问："我吗？"

我再点点头："是啊，瞧你眼睛骨碌碌地转，就知道你太聪明了。你很快就会去读大学了。"

他喜不自胜地点头，还夸我好厉害，看出他要读大学，然后他开始说起自己的计划。

或许是角力带来的荣誉，让他产生了努力读书的动力，他竟然也考上了公立高中，老师们高兴地恭喜他。

他喜滋滋地跑来我办公室，却故意在窗外与我招手。我说："进来呀！宝贝。"

他跳着进来，高兴地宣布："我考上了第一志愿。"

我比了比大拇指："好样的！宝贝，真有你的。"他腼腆，却掩不住喜悦地笑了。

"宝贝，你觉得最该感谢谁呀？"

他眼珠子转了一圈，很肯定地说："侯永盛老师。"

✿ 最美的一幅画

那天，我在合作社看到侯组长，把这孩子的回答告诉他。

他腼腆地说，只是做该做的罢了，然后把功劳推到我身上："是校长你鼓励他，是你向普仁基金会争取经费，买营养品给孩子吃，买新垫子，他们才能有好表现。"说完就快速离去。

望着他的背影，淑芬说："校长，你不知道他为了帮助一些孩子考体育班，每天放学后，用他的破摩托车载孩子去练习游泳，听说都是他出钱的。"

淑芬一说，不只我感动，连在座的退休老师们都感动得很。

傍晚时，果真看到孩子坐上他的摩托车后座。

他右脚踩动，把手一转，摩托车发出"噗——噗——"的声音，缓缓地启动出发。

我望向他们的背影。在夕阳下，像一名父亲载着儿子前行。

我曾看过多幅美景图画或摄影作品，但我发现都没这一幅美丽，没这一画面能让人由心底深处发出重重的叹息：好美，好美呀！

光荣的到来，却是梦魇的开始

"校长，我们的孩子参加角力选拔赛，得到第一名，可以代表台湾地区到乌兹别克斯坦参加比赛。"得到第一名，不是该高兴万分吗？怎么教练的语气却怪怪的？

"校长，我们的孩子参加角力选拔赛，得到第一名，可以代表台湾地区到乌兹别克斯坦参加比赛。"

体育组组长侯老师告诉我黄林玉麒这个孩子的好消息，我听到这消息已忍不住大叫："好棒啊！"

他是教练，为这孩子的训练花的心力最多，得到第一名，不是该为孩子高兴万分吗？怎么语气却怪怪的？

他叹口气说："可是旅费要自己出。他家里没钱，校长，你要帮忙想办法呀！"

他这一说，换我"噢——"了好长一声。

当天心有所感，于是写了一篇文章——《光荣的到来，却是梦魇的开始》投书到报纸的民意论坛。

✿ 老师慷慨解囊

第二天，《联合报》刊登出来。

老师们在合作社看到报纸，就说："那怎么办？黄林玉麒能得到第一，是多么不容易呀！说什么也要送他出去比赛。"

大家问我："校长，你最有办法了。你应该想到办法了吧？"

我点点头："我们大家捐钱，就当作送给黄林玉麒一个毕业的大礼，好吧？"

我一说，淑娥及志南立即说好，其他老师也都说要加入一份，依登记金额，已超过他所需的旅费。

"多出来的怎么办？"有人这么问。

"他的家庭环境不是不怎么好吗？可以当作他的教育基金哪！"我一提醒，大家纷纷叫好。我高兴地夸同人有爱心，并要侯组长开始协助处理他比赛的事宜。

没想到十点多时，许多媒体都跑来了，他们想了解孩子比赛的问题解决了没。

我把老师们的决定及捐款大约金额告诉他们。在谈话过程中，家长会会长彩云议员也来到学校。她也因为看到报纸，赶紧到学校捐钱，知道老师们已协助处理，免不了又夸学校老师一顿。

✿ 记者恶意报道

看似圆满又温馨的一件事，师生情最佳的诠释，却因一位记者的恶意报道，让我惹一身腥。

那时新闻媒体正在追某些县市民意代表或县政府长官出访过多，有浪费公帑之嫌的新闻。一位 T 台的记者，表面上夸我们的老师有爱心，但当天晚上的新闻竟变成借孩子没有钱比赛的事件，攻击县长带领主管机关频频出访，造成浪费。

"县长有钱频频出访，选手却没钱比赛争光，让学校很无奈。"电视台把新闻定调在攻击上面，于是我被牺牲了。

"校长，以后要特别注意某些媒体记者，太恐怖了。还好，当天我在学校现场看到整个采访情况，我可以向县长解释，并证明你没说那些话，不然你跳到黄河也洗不清了。"

第二天彩云来学校，说起县长气愤莫名，觉得我很"莫名其妙"，为何要攻击县政府。还好她正在旁边，就帮我解释整个过程，并要县长注意"只有那名记者这么报道"，可见是故意中伤的，县长才释然。

最后县长还包了一个大红包，请彩云转交给孩子。

"校长，你写文章要注意题目啦！什么'光荣的到来，却是梦魇的开始'，难怪你会有接二连三的梦魇。"彩云笑我题目定得太差。

我笑着说："是，是，是。我应该修改题目为'光荣的到来，感恩的启程'。"

"对啦！你这样就对啦！"

在彩云爽朗的笑声中，我不禁深深叹息：来宏仁中学，孩子们带给我多少的光荣。每一道光荣的背后，都有一个个感人的故事。

我多幸运哪！能来这么一趟，认识这么多好人。

《光荣的到来，感恩的启程》是送给孩子的，但最适合的是我自己呀！

光荣的到来，却是梦魇的开始

我的学校积极发展各项运动，老师们几乎都是义务指导，目的就是让经济穷困的或是活泼好动的孩子，能在运动中发展自我，也能借由比赛获奖，得到甄选入学的优势。这原本是一件好事，学生能获奖，也是让人兴奋的事，但伴随着获奖而来的却往往是一连串困扰的开始。

记得几年前学校的拔河队参加全台湾地区竞赛，原本我们落入败部，但孩子知道唯有第一名，才可以参加日本的青少年拔河锦标邀请赛，因此从没出过台湾地区的孩子以"迪士尼，我来了"取代"一、二、杀——"的呼喊声，最后连连过关斩将，败部复活赢得第一名。获得第一名后，以为有关部门有补助，孰料补助微乎其微（有关部门补助每位选手8000元，县政府补助全团30000元）。当时为了圆孩子的梦想，我四处奔波募款，才凑足旅费，筹钱（愁钱）的过程真的是让人心焦如焚之外，又要面对他人的质疑："有关部门没有补助吗？"那更是难堪。

今年拔河队教练参加全台湾地区比赛前，即要求我要准备60万元，供他们出去比赛。我说我恐怕没能力，他丢下一句话给我："那是你校长的责任。"

我原谅老师的无知、无理（礼），因为我知道他是为了学生而冲动，但60万却成了我的梦魇。前几天拔河锦标赛结束，主任告诉我："校长，告诉你一个不知道该高兴或该难过的消息，全台湾地区有四队参加拔河比赛，我校获得第三名。"我"噢"了一声为孩子感到难过，主任再补充一句："你不用筹60万元了。"我"耶"了一声为自己感到高兴。

诚如我的主任所言，孩子得奖不知该高兴或该难过。现在角力协会选拔选手参加比赛，又是我梦魇的开始。我不懂角力协会大费周章举办选拔赛，无非是希望角力选手能扬眉吐气，也能借此推广角力运动，那为何不提供选手经费？若是选手因为经费无法参加，那选拔赛又有何意义？再者，若是准备比赛经费是校长的责任，那请问有几位校长肯发展体育活动？肯同意让孩子参加各项比赛呢？

唉！我视每个学生为自己的孩子，以前他们获奖都让我兴奋莫名，但现在却在兴奋中带着叹息。

科技展一起来，团结力量大

> 我看到学昌与季笃两位老师的努力，忍不住说："这不应该只有你们俩努力，应该大家一起来的。"学昌给我他一贯温煦的笑容，可那样的笑容却仿佛被巨大的伤痛压抑着。

"校长，我们又赢了！"

学昌与季笃兴奋地来跟我报告这个消息，我也高兴地大叫："太棒了！"

"准备庆功宴吧！"他们喜滋滋地离去准备。

我望着他们俩的背影，心里有无限的感慨。

❋ 笑容背后的伤痛

我来到宏仁中学前，便听说他们俩在推广科学活动。无论是科学营，或是协助指导学生做作品，参加科技展比赛，都是需要花费很多的时间及力气的。

他们默默地牺牲下班后的时间，与学生一起记录、观察、改进……周而复始地工作着，经过这样的努力终于获得县冠军，参加全台湾地区比赛，也获得佳绩。

我来宏仁中学后，看到他们俩的努力，忍不住说："这不应该只有你们俩努力，应该大家一起来的。"

学昌不置可否，给我他一贯温煦的笑容，可那样的笑容却让人感受到压抑，仿佛被巨大的伤痛压抑着。

有一天，他默默地递给我一张光盘，让我知道他的伤痕在哪里。

原来他们得到全台湾地区优胜后，一个来自南投的小学校在全台湾地区比赛发光，吸引了某电视台关注，想要来做专题报道，学校同人听到都予以肯定，希望能透过镜头将宏仁中学的声望拉抬起来。

学昌很认真地教导，没想到记者的镜头不只拍他们，也拍了在"宏仁馆"二楼观看的学生，记者也去采访他们。

一名学生嘻嘻哈哈地说他在一旁观看，是因为不够聪明、成绩不够好之类的话语。这样耸动的话语，让整个访问变了调。

❀ 对学校，挥了重重一拳

影片一播出，记者添油加醋地暗指学校只注重精英，排挤成绩差的学生，而且影片画面呈现的是冬天雾气笼罩、阴阴沉沉的清晨，一名学生可能没睡饱、有起床气，所以斜背书包，无精打采，低着头，拖着脚走进校门的情况。借此，记者报道这所学校把学生牺牲掉了。

影片一拿到手，不只大家傻眼，学昌更是痛苦不堪，即使校方想方设法要阻止播出，电视台还是播出了。这一则报道对处于低迷的学校，挥了重重的一拳。

学昌是报道的牺牲者。他觉得愧疚、愤怒，原本也抱持希望、支持的同事转而批判、不信任。

他默默地承担所有的责难，不发一语，没有退缩，继续指导他喜欢的科技展，并相信，他的指导可以影响学生一辈子。

天哪！这样承受来自自己及他人的指责，得有多大的意志啊！

平日我见他如一介斯文小生，弱不禁风的模样，原来他才是个坚强无比的人。

❀ 赶出简报资料

我来宏仁中学前两年，科技展都夺冠，但第三年却落败，屈居第二。

校内开始有些声音，有人觉得科技展花太多钱，深思是否该继续下去的问题，我也看到学昌及季笃有些泄气。

当时我正在思索办法，刚好接到普仁基金会董事刘尚斌先生的电话。

"校长，我看你那么积极为校争取经费，除了普仁基金会，我还参加了张昭鼎纪念基金会，那是一个推广科学教育的基金会，我介绍你认识执行长吧！"在普仁基金会中，被大家称为"刘爸"的董事刘尚斌先生，因为闲聊中知道我在推科学教育，因此主动介绍我认识另一个基金会的人。

第二天，我迫不及待地打电话给执行长张敏超先生。从电话中的声音，便可听出他是一个个性有点急却直率的性情中人。

"快，快，快，我们下星期就要在台北召开董事会。我安排让你在董事会后做报告。"

张执行长快速地说到这里，大概察觉太急了，因此缓下来问我："你来得及准备资料吗？"

"只要有人愿意帮我们，三更半夜赶工，也要赶出来。"

我这一说，执行长马上提醒我："不要熬夜，对身体不好。你们做校长的要照顾那么多学生，身体一定要顾好，以后见面，我再告诉你一些养生之道……"

好一个率真、可爱的人哪！还没见到他已不自觉喜欢他了。

✿ 让人放心不下的结语

那一星期与学昌及季笃两位老师把计划打印好，我们一起到了大饭店做报告。见到了执行长，果真如我想象的是一个拥有赤子之心的人。他安排我们坐在一旁，静静等候报告。

我们看到教授、大学校长、企业界董事长陆续进入。这些大人物济济一堂，已经够让我们瞠目结舌了，没想到最后进入会场的竟是李先生。

看到李先生，平日动作及说话都斯斯文文的学昌，竟立即从座椅上弹跳起来。

我把他拉坐下来："只要是能帮助孩子的都是好人。你千万不要激动，何况每个人有每个人的立场与看法。世间事，没到最后，得不出个定论的，就算到最后，给定论的也有个人的主观意识或评论……"我可能也太紧张，一紧张就说个没完没了。

"校长，我很激动，也很后悔。"学昌说到这里，咽一下口水。

我马上补一句："既来之，则安之。"

他摇摇头。白面书生的他脸都红了。

"校长，他是我的偶像，我怎么会忘了带相机来呀！下午出门时，我就觉得少带了什么，后来才发觉是忘了带相机。唉！我怎么会忘了呢！"

学昌在懊恼。我却放下了一颗心，原来是我想法出了偏差。

那天报告完，基金会董事长李先生只轻轻下了一个结语："李校长是个好校长。"

我抓着执行长问："这代表会协助我们吗？"

执行长笑着说："李先生不是答复你了吗？"

我说："那句话不着边际。没说好，也没说不好，让人放心不下。"

"校长，你不用担心，李先生讲出那句话就是要我们全力帮忙的意思啦！"执行长一说，我整个安心下来。

❀ 全校一起动起来

餐会时，一些教授就走过来与我们致意，愿意在金钱外帮助我们，执行长也转达说有几位教授愿意到宏仁中学帮忙指导科技展。

我心想：真的会来吗？这些人大概不知道宏仁中学有多远吧？真来一次，就会吓到了吧。

没想到在那次餐会后，果真陆续有好几所大学的教授[1]来帮忙指导。

我觉得机不可失，利用科技展丧失冠军宝座让大家惋惜之际，向大家喊话："单打独斗，难成气候；团结奋斗，缔造新猷。"数学及自然科老师一定要组一个团，用团队的力量，才能立于不败之地，也才能不断激荡出

---

[1] 台湾清华大学分子医学研究所李宽容教授、物理系戴明凤教授，台北教育大学自然科学教育系全中平教授，嘉义大学木质材料与设计学系陈周宏教授，及彰化师范大学物理系吴仲卿教授等。

新的东西出来，才更能表现出我们是一家人的情感。

于是，宏仁中学开始打团体战。隔年，科技展比赛又夺回冠军宝座，一直到现在，南投县的科技展历史上，宏仁中学绝对占了最璀璨的一页。

而且不只科技展，任何活动，宏仁中学都全员到齐。

淑芬曾感动地对我说："校长，我觉得最感动的，不是你争取经费，增加什么设备，而是你让老师动起来，全部的人都动起来，看到大家不分你我地一起工作，才让人感动。"

那天淑芬的一席话，让我深刻体悟到：设备会老旧，精神及文化不会凋朽，做一名校长或许不需急急忙忙争取经费，重要的还是营造学校的人文精神及团队的意识吧！

"单打独斗，难成气候；团结奋斗，缔造新猷。"我要在宏仁中学开始写宏仁大家庭的历史了。

走！庆功宴去了！

遭人抗议的"红"流

哇！直升机来了。我张开的嘴还没叫出声音来，一阵弥天尘土铺天盖地而来。我陷在泥土尘沙中，变成一个名副其实的泥人。

我最喜欢夏季午后，来一场倾盆大雨，除了能迅速把燠热的气温给降下来外，操场上，扬升一阵白色氤氲水气，几只白鹭鸶会飞到跑道中间的草地上，优哉游哉地觅食，更是一幅绝佳的天然美景。

这天，又下起大雨。我正在人事室与人事主任讨论一些事情，抬起头，从窗户望出去，不禁赞叹说："我们操场怎么这么漂亮啊！"

400米的标准跑道，中间是像绒毯一般的草地。有时望向操场，总有一股想躺在其中，看蓝天、白云的冲动。这些绿树及绿地经过雨水冲刷，似乎更亮了，而红砖土的跑道在绿地及外围一圈榕树及黑板木的映衬下，也似乎更红了。

没有工厂，没有商家的干扰，宏仁中学操场的宁静之美似乎是与生俱来，优雅得让人要由心底发出一声长长的叹息："多美呀！"

与人事主任由学校操场的美景，谈到宏仁中学历史的兴革变迁，再由宏仁中学的历史谈到埔里的艺术与人文。在悠闲的暑假，啜饮着他泡的一杯老茶，看着外面雨幕下的操场。这样的午后，实在很适合说古论今。

✿ 民众的抗议

"校长，你出来看，你快点出来看。"总务主任志南戴着一顶大斗笠，一身湿地从外面进来。

我笑他戴了斗笠还一身湿，白戴了。他没理会我的笑话，急着要我出去看。

从行政楼走出去，在礼堂前面的一片连锁砖地上，漫流着一片红色的强大水流。

"这红色的水流从哪里来的？"

志南指指操场："是跑道的那些红砖土。"

志南提到学校操场跑道没有排水设备，所以一下雨，红砖土多多少少会随着奔窜的水流流失掉。

"我们每年运动会前，需要花个几万元，买红砖土来补，就是这么来的。"

正与志南为该如何清理连锁砖上的红土头痛，文书组柯组长赶来报告："民众抗议我们的红土水流已流到外面马路，正流向邮局，怎么办？"

是啊！怎么办？

记得我刚到宏仁中学时，就为这操场着迷。

我说这是最幸福的学校，有6公顷的土地可以跑、可以跳，尤其是具备400米标准跑道的操场，更是让人骄傲，"有哪一所学校能有这么大的校园，这么长、这么标准的跑道？"

当时的训导处张主任就笑着说："700多人打扫6公顷，在打扫时，就不觉得幸福了；400米跑道内的草地不出一个月就长长了，要锄草时，就不觉得骄傲了。"

年逾六十的张主任，一身黝黑发亮的肌肤及精壮的身材，据说就是协助工友锄草的结果。

这个操场因为美丽、宁静，所以是埔里居民最喜欢来运动的场所。除此之外，每次仁爱乡发生山难，需要直升机救援时，因为学校附近就有埔里基督教医院及荣民医院，又加上非商业区，交通不打结，方便救护车进入，因此它也是直升机停机的地方。

❀ "校长，你不知道要躲吗？"

我永远忘不了，第一次看到救难直升机降落在我学校操场中的事。

那天，我在油印室与文环姊聊天，一阵轰隆隆的声音吸引了我的注意，我问她怎么回事。

"是救难直升机，等一下要降落在我们的操场。"

文环姊一说到这里，我已经飞奔出去，能近身看到直升机，深深吸引着我，所以我快速地跑向操场。

操场上，上体育课的师生往教室跑，与我错身而过。我心想：老师教得真好，不能在室外上体育课，就马上赶进教室上课。

我想告诉老师，让孩子看看直升机也无妨，但他们已快速移动进教室。

操场边就剩我一人，兴奋地等着，等着。

哇！直升机来了。我张开的嘴还没叫出声音来，一阵弥天尘土铺天盖地而来，我睁不开眼。

我陷在泥土尘沙中，变成一个名副其实的泥人。

从操场撤退回办公室，同事看到我隐忍着笑。

"校长，你怎么会这样？""校长，你不知道要躲吗？"……

他们的问话让我无法回答，因为我觉得我一嘴泥沙。

我终于知道师生一听到直升机要降落，拼命跑回教室的原因了。

洗了半天，擦拭了半天，因为我和办公室用品，都蒙上了一层泥土。

文环姊来帮我擦拭地板及桌椅等。"校长，我正要提醒你别靠近，直升机的桨卷起的风沙是很可怕的。我还没讲完，你就跑出去了，你的动作真的好快噢！"文环姊这一番话，让我尴尬，也让我苦笑不已。

同事看我的糗状，纷纷诉苦。

每次直升机到仁爱乡救难，就是宏仁中学的大灾难。直升机落地卷起的红砖土，漫天覆地地掩盖了美丽的校园，伤害了大家的健康。

为了减少红砖土的飞扬，虽然会先动用消防车载水来洒水，但消防车又将我们的连锁砖道辗坏了。他们救难结束后，为了清理校园，得动用多少人力？到了运动会时，为了补回红砖土，学校又得花多少钱？……

❀ "会找机会帮忙"？

总之一句话，"红砖土跑道真的该换了！"

当时，我豪气地说："好，跑道不换，我就不离开宏仁。"

以为请建筑师规划估算，然后发文请县政府帮忙，就可以整修跑道。我真是太天真了，数百万，甚至需上千万元的操场整修费，岂是穷县政府所能负担的？

长官告诉我，如有机会，会代向上级申请。

我把计划送到长官服务处，请他们转交给长官，请求他能帮忙。

怀抱着希望，但等了一段不短的时日，我所得到的回复，是"会找机会帮忙"。

"会找机会帮忙"，是多么富有智慧的话呀！既不直接回绝，伤了人，也不需为答应后做不到来伤了自己。

几年来，我一再努力，一再地送，总想皇天不负苦心人，但我所得到的答案依然是："会找机会帮忙。"

"校长，怎么办？"志南也问我怎么办。

"等雨停了后，带着孩子们，也请退休老师们来，大家一起来帮忙，除清理家园外，也帮忙扫外面的马路吧！"

志南开始去找人，一边念着："洪流红流，宏仁的红色水流。"真贴切！

我喊住他："把操场的改建计划书准备好给我。"

他错愕了一下："校长，他们又会说那句：'会找机会帮忙的。'"

我知道我可能还会听到，或收到那句话，但我仍要再试。

我相信我会找到机会的，我知道皇天一定不负苦心人。我也知道我不多试一下，是不会找到机会的。

我相信，我相信，我——会——找——到——机——会——的。

第一次到台湾地区立法机构

我到了台湾地区立法机构，告诉服务人员，我要找林明溱先生。他问我一句："你跟他有约吗？"这句话，让我一摇头，摇掉了信心。

"小姐，你要在哪个门下车？"

面对计程车司机问我要在哪里下车，我压根儿不知道台湾地区立法机构有多少门。

"随便。只要能进入，只要你方便停车，就可以。"我不置可否地回答司机先生。

❀ 我只剩这办法了

前一天因为红流被抗议，当晚家长关怀协会理事长王淑专正好打电话来时，我噼里啪啦地把自己向县政府、区域长官请求帮忙的事说了一遍。

"算了，我们这区的长官没法子帮忙，我就去找林明溱先生帮忙。"

我跟她说，我想要到台湾地区立法机构找林明溱先生陈情。虽然他不是我们那一区的长官，但听说他是个积极且踏实、不会糊弄的人。

王理事长很热情、很豪气地说："校长，我退休了没事。我陪你去。"

有理事长的陪伴助阵，隔天一早，我就带着一份整建操场的计划书，还有一肚子的气，出发到台湾地区立法机构。像古时候陈情般，我有一股豪壮之气。

打电话给教务主任，要他帮我请假。"我要亲自跑一趟台湾地区立法机构。"我这么交代。

仁贵很诚恳地说："校长，你辛苦了，希望这一次能成功。"

我不知道能否成功，但我知道只剩这办法了。

搭高铁到台北，但我鲜少到台北，根本不知道台湾地区立法机构在哪里，以为陪我来的王理事长应该知道，可以搭捷运前往的，但似乎她也不知道，所以只能搭计程车。

司机的问话，已让我有些挫败。

✿ 莽撞、急躁又羞愧

没想到，我到了台湾地区立法机构，告诉服务人员，我要找林明溱先生。他问我一句："你跟他有约吗？"

这句话，让我一摇头，摇掉了信心，也摇掉了一些脾气。我突然为自己的莽撞、急躁而羞愧。

怎么不先约好再北上？就凭一股气，不假思索就冲动北上，我是气昏头了，或是太没智慧了？

心里翻搅着难过与自责，那服务人员大概看出我的难堪，主动帮我联系办公室。所幸一位萧姓主任在办公室，虽然没法见到林先生，但总算还可以把计划送达。

一听我从埔里来，并听完我陈情的事情。萧主任很诧异，也有点迟疑地问我："校长，林明溱先生不是你们那一区的耶！"

我一股气又上来："你们口口声声服务人民，服务有限制地点吗？没有选票的人，你们就不服务吗？"

萧主任赶紧解释："服务是不分地域的，但你贸然来找林先生，你们那一区的官员会做何想法？"

我叹口气说："我已经找了几年了，不是不找哇！"

萧主任不再说什么，马上打电话给林先生，一五一十地说起我陈情的事项，然后很慎重地强调："这位李校长亲自从埔里上来，真的很有心。"

他在说的当下，我的羞愧感再次涌上。一位长辈曾说我做事太冲、太急、太莽撞，现在我的莽撞又多添一笔了。

❄ 无可救药地乐观

萧主任挂断电话后，兴奋地说："校长，你太幸运了。刚刚林先生正与领导在一起，他马上向领导报告，领导承诺要帮你的忙。"

萧主任连连说我幸运。他倒茶给我们喝，就与我们闲话家乡事。当下我虽高兴，但可能听多了场面话，所以我也质疑这是场面话，因此我并未表现出多高兴的表情。

一杯茶的时间后，林先生又打电话来，确定地承诺："明天下午一点半，要到学校探勘、了解情况。"

这样的承诺是有行动的。我终于显露出喜悦的神色，也高兴地返回南投。

"校长，应该不可能来吧！怎么可能你今天去，他明天下午就来埔里探勘？他今天还在台北耶！"

志南与我一样，在希望与失望中摆荡过多次，已不再轻易相信。

"明天就揭晓了！等着看吧！"

我告诉志南，我还是愿意选择相信的，也还是愿意怀抱希望的。

"校长，你太乐观了。"志南笑我。

我耸耸肩膀，没办法！我就是无可救药地乐观！

不足的补助金，操场修一半吗

"校长，补助整建操场的公文下来了。"志南一脸愁容地来向我报告这个"大好消息"。

"有梦最美，希望相随。"这句话真的是说得非常好。

林先生第二天风尘仆仆，下午1点30分，分秒不差地到学校来。

我就与同人得意地说："你瞧，人生还是应有梦。"

东瞧西瞧、东拍西拍的，林先生马不停蹄，没听简报，没喝茶，没有官方的正式流程，带着助理，他边看边说，助理边记录。

绕一圈后，只留下一句话："这的确该整修。"

外加一个承诺："我会去向领导报告，争取补助。"

一阵旋风般吹得迅速，也去得迅速。大家虽仍有些不放心，也仍质疑会不会有补助款，但对于他做事的利落风格，仍赞叹不已。

❈ 打折的补助款

过了两星期左右，我正为筹办一个活动忙碌，接到他的电话来报喜："台湾教育事务主管部门要补助你们整建操场了。"

我忍不住在电话中大叫了起来，也频频向他致谢。当然，又向同事们颂扬"有梦最美，希望相随"这句话。

又隔了几天，终于收到公文。

"校长，补助整建操场的公文下来了。"

志南一脸愁容地来向我报告这个"大好消息"。

"怎么了？脸色不对噢！"

他把公文拿给我，让我自己看。

我一看，整个傻眼。

人家是要5毛，给1块。我们是要1000万，结果竟打了3.8折，给380万元。

✿ 退回补助款

"不足额的部分怎么办？"志南一脸愁容。

我又急又气。左思右想，好不容易来一笔钱，来的却是一笔花也不是，不花也不是的钱。

退回去太可惜，不退又无可奈何。不足的款项，已非我能力所及。几经折腾考虑，最后，我决定将皱着的眉舒展开来，壮士断腕地说："退——回——去——"

一大笔钱退回去，让台湾教育事务主管部门、林先生，也让县政府长官错愕，更让他们生气。

县政府长官以惊吓的口吻对我说："你不要，那我们拨给小学校噢！"

我叹口气说："就给需要的人吧！"

但我外加了一句："如果你能给的话！"

林先生也打电话来表示关切。我告诉他，我们的操场整建之所以需要更多的金额，是因为没有排水沟，要再开挖、再加沟盖等，势必比别人花更多的钱。

再者，我希望这个操场用好的材质修建，有良好的施工品质，可以用个数十年。

"虽然是由县政府发包作业及施工监工，但若品质太差，大家仍会把这笔账记在我头上，甚至连您都会招致怀疑。"我把话说得很重，但这些话也让长官听了进去，并决定再为我们争取看看能否提高额度。

✿ 运动场不只是学校的事

又过了一段时日，长官说台湾教育事务主管部门将派亚洲大学教授李明荣、中正大学教授林晋荣来探勘。

教授要来探勘的消息很快传开来。教授当天来到时，看到会议室坐了一群人，吓了一跳。里长、家长会成员、民意代表，大家很关心地聆听，并适度地表达，学校需要一个好的操场可以运动，但社区更需要一个不会尘土飞扬、影响呼吸道器官健康及居住品质的环境。

他们真的被宏仁中学晴天的灰尘、雨天的红流给吓坏了。

教授们转达只是代表台湾教育事务主管部门来探勘，不能决定什么，但憨厚的乡下人仍努力地表达一些想法。

我看得出来教授们很感动，他们没想到一个学校的事，竟然已变成是社区的事，社区的人士都愿意跳出来支持。

因为社区的努力支持，及教授回去的报告，台湾教育事务主管部门回复我们可以增加到500万，其余的要自行筹款。

"校长，这已是台湾教育事务主管部门能给的最高额度了。你不能再退了，去找县政府想想办法吧！"

林先生说的我都懂，县政府财政困难我也懂，但我不懂的是，我要如何找到另外一半的钱？

"500万！500万啦！唉！"这是我每天唉声叹气、呼喊的话语。

困顿中，我快抓破头了。我念着阿弥陀佛，希望让自己安定下来，好好思量如何找到这500万。但似乎一筹莫展，直到那天晚上……

❀ 求助县长

那天晚上，学校举办新学年开始的亲职教育，来了数百名家长。孩子毕业后卸任会长的王彩云议员，在我耳旁轻轻说："县长今天正好在埔里吃晚餐，我请他餐宴完毕，来这边关心、问候家长。你再把握时机说操场的事。"

当我在进行亲职演讲时，县长竟然来了。我知道县长的行程总是很匆忙，因此我不能等会后到办公室细谈，我必须把握时间，于是我不管会不会造成长官的困扰，在演讲过程中，我公然在大家面前诉说宏仁中学操场好不容易争取到500万的过程。

"县长，可不可以请您帮忙了？"

我一说出这样的恳求，全场的家长拼命鼓掌。

永远笑眯眯的县长站起来回应："校长这么认真，我能不帮忙吗？"

彩云议员在我耳旁高兴地说："有了，有了，把他拐来就没错了。"

我心想，真的有吗？不会是场面话吧！（我的老毛病又犯了。）

县长讲完，一名担任记者的家长赖淑桢对县长说："县长，你的承诺我会写成新闻，明天就会刊登噢！我会追这条新闻噢！"

县长转头看彩云和我，仍旧笑着说："啊！被你们拐了。"

第二天，打铁趁热，我立即交代发"公文"，顺便附上淑桢报道的剪报。

在"公文"上，我写下大大的"发"字。我觉得这个字，我写得特别好看、有力。发，发，发，我内心祈愿着，希望宏仁中学的未来就是发、发、发呀！

"公文"发至县政府，长官纷纷表明没钱，也有人劝我低调一点，全县的中小学要是都像你一样要钱，台湾教育事务主管部门就瘫了！

我完全不加回应，不予辩解，当然更不可能收回"公文"，只是时不时追问一下："县长何时会实现诺言？"

最终，县长以第二预备金实现承诺了。县政府发包作业也终于在12月30日，以800多万元发包出去了。当我听到县政府顺利发包出去的消息，忍不住又高喊着："人生应有梦啊！"

凡事感恩

操场跑道的承包商先生一次与我聊到志南："你这个主任很认真噢！根本没他的事，但他每天都来'巡头看尾'，还拍照存证。"这话听来似乎有颇多含意。

打从塑胶跑道公开招标出去后，厂商便开始进驻工作。志南提到，监工单位是县政府，我们该怎么办？可以监工吗？会不会招致厂商厌恶？

我想到以前买预售屋时，先生常跑到工地看建造情况。我问他烦不烦哪？他说前去关心，一来可以与工人哈拉哈拉，打好关系，他们会较用心建造；二来也是让他们知道屋主很关心，时时记录，更不敢松懈。

因此我便交代志南，用柔性的关心取代监工的功能。每天与工头或工人寒暄问暖，有时也送些茶水，与他们搏感情，再者，每天务必用相机记录工作进程。他们看到有人拿相机拍摄，绝不敢懈怠。

承包商先生一次与我聊到志南："你这个主任很认真噢！根本没他的事，但他每天都来'巡头看尾'，还拍照存证。"这话听来似乎有颇多含意。

我马上笑着告诉他："哎呀！你真的是好眼力。他真的很认真，不过拍照的事，是我交代的。"他听到马上眼睛瞪大了。

我继续说下去："不是不信任你们，而是这个工程是我们，也是社区所共同期盼的。我要做好记录，它将来会是一段很重要的历史。"

❀ 有"故事"的工程

我开始诉说费时五年争取的过程，还有教授来探勘时，社区居民主动来关心的情形。

"你知道吗？我们的副会长洪明圻在采收茭白荀，没办法准时前来。教授要离开前，他开着小卡车赶到，拿着滴着水的两包茭白荀送教授。他说他无论如何，也要表示一下关心之意。"

我说到这里停顿一下："所以你说，我能不用心记录这段历史吗？你们包工程大概很少包到这么有故事的工程吧！"

承包商先生点点头："这么多人关心，我一定要做好它。不然留下一段坏历史就不好了。"

"好，冲着您那么用心，我一定规划一个让您难忘的启用典礼。"

承包商先生高兴地说，这一摊工作让他最有感觉。

接近完工的某一天，傍晚时分，我站在行政楼前看着已平整的操场，之前即习惯来运动的民众，因为施工所以改道绕开校园。

一名民众经过我身旁时，与我打招呼："校长啊！这操场实在太漂亮了。"

他对学校操场及整个环境赞不绝口。夸了一阵后，他提醒我："花这么多钱，万一车辆进入，辗坏了，就可惜了。你们的操场连个栅栏都没有，无法防止车辆进入的。"

他一说，我心头一惊。想起此前埔里建醮活动，民意代表及有关部门以宏仁中学位置最适宜为由，借用学校操场摆醮坛拜拜。虽然事前答应会注意，但重型车辆的进入，依然造成了不小的破坏。

建醮是十年一回，但建醮结束三年后，还要一次祈安三献，这倒是不可不防。

✿ 三天瘦了三公斤

于是，我想到了住在学校操场旁的谢照仁先生，一次偶遇，两人相谈甚欢，他成了我的忘年交。他的社会历练及个人修为，让他拥有一般人未有的练达及智慧。每当愤怒或有烦恼的时候，我总会拜访他，听他分析或"开示"，听完就有茅塞顿开的宁静与喜悦。

例如，有一次，一位朋友气愤地提到他受到冤枉的事。

他直说这个社会病了，大家不但不会求证，还把传递八卦视为稀松平常的一件事，完全无视受到冤枉的人有多大的苦痛。

他问我有没有这样的经验。

我笑说他真健忘，之前我就曾告诉他，我受到极大的冤枉。"因为我感受不到你有多大的愤怒。"他这么回答我。

其实，我当时也有此遭遇，为此气愤到三天瘦了三公斤，其中令人最不能忍受的是那些我不熟或不相往来的人，却自称是我的好友四处中伤我。遇到别人询问，我就要解释一番，但我感受不到这些人的关怀，他们只是好奇罢了。

我在痛苦之余，也曾找朋友诉苦，但我又发现别人除了未必了解外，也没多大的兴趣来了解。解释、说明半天，只是一次又一次让自己陷入更痛苦、失望及疑虑中。而我气愤中伤我的人，因此不给对方好脸色看，但这样做，不但未曾稍减愤怒，反而更添几分悲伤。

当时我便与谢先生聊到此事，他哈哈大笑："你看政论节目，那些名嘴永远骂对方给自己的人听，说了半天，都没说服对方，依然各看各的台，各唱各的调。所以了解你的，你不必说；不了解的，你说了也没用。往后遇到他人询问、批评……就回一句'凡事感恩'吧！"

谢先生教我在任何情况下，都说这一句。

好事者看到对方态度如此谦抑，就无法兴风作浪，但重要的是，自己说了这四个字，心境会转化为祥和。当时我仅是听听罢了，并不以为意。

❈ 一句不可思议的话

有一回，一个人问我："你知道×××说你如何如何吗？"

他说了后等我的反应。我看他的表情很是好奇，似乎等着看我的反应，要继续爆料。我想到谢先生的交代，因此平静地说："没关系，凡事感恩。"

他发现我似乎没兴趣知道，便识趣地转移话题。

后来几经练习，我发现当别人想听八卦，虚情假意地打听时，我说"凡事感恩"，可以阻止对方的询问甚或离间。当获知他人批评中伤我时，我说"凡事感恩"，可以把不满与愤怒转化为惕厉的感恩。

虽然我未必能每一次都抵得住愤怒，但时时默念后，竟也产生转移力量，让自己的脾气也慢慢改变。

这一句话竟变成了止血的创可贴，也变成了消除忧郁的药剂。

❈ 多重用途的石头

因此今天我陷入这样的困境，我不免又去找他。

他问我的诉求。我说要阻止车辆进入破坏，但不要栅栏那样不人性、不美的东西。说完，我自己扑哧一笑："都没找到钱，还要求这么高。"

"校长，如果你信任我，这件事，就交给我这个小老头来办吧！"他一副胸有成竹的模样。

我喜出望外地点点头。

隔天，他带我去石材公司，各种各样、美不胜收的石头，摆放在工厂周遭。石材公司董事长亲自带我们参观及介绍。

我问董事长："这些石头价值不菲吧！"

他点点头。

我狐疑地看向谢先生，不知道他带我来这里做什么。

他笑着说出他的计划："用各种不同的石头放在操场周边。石头上面一律磨平，可供民众运动累了后休息用。石头上镌刻名称，例如花岗石、大理石、砂岩等，亦可当地球科学的教材。"

"天哪！你怎么那么聪明！但是钱呢？我没钱哪！"我不禁喊了出来。

他摸摸自己光亮的头，自娱娱人地说："不然怎会说绝顶聪明？"

我们一听都笑了出来。他要我放心，钱的事就交给他。

"我捐钱只有一个诉求，不具名，不落款，不落入俗套。"

他说完，我们都无法言语，好一个真正的慈善家呀！

七八十颗大石头，分数十次，由大卡车载送过来，费了好大的工夫，终于摆放好了。

学校师生、运动的社区人士，大家议论纷纷："这么多石头，恐怕要上百万吧？是谁送的？"

"是谁送的？"大家问着。

"怎么没有捐款人名字、落款？"大家奇怪着。

谢先生交代过，不具名，不落款，不喜欢落入俗套，所以我没说什么，只是笑着回答："一个大善人捐的。"

塑胶跑道完工后，每到傍晚时分，人潮便涌入。有人脱下鞋子，光脚健走，有人小跑步，有人就坐在石头上聊天、休息。

我喜欢站在操场一隅看着，有时望向对面的谢先生家，会看到他站在操场围墙边，远远地，但我似乎可以看到他那慈祥的微笑，及听到他说的话："凡事感恩。"

凡事感恩，坐在石头上，吹着风的我，闭上眼睛。想到六年来遭受的一切一切，我嘴角也扬起一抹微笑。

凡事感恩哪！

后记·Vu Vu① ，你可以不要走吗

　　编辑希望我写一段后记。我知道，从第一天忐忑地到宏仁中学写起，经过六年的经营，最后总要写到离开宏仁的那一天才算完整，但我一直害怕回想那一年离开的场景……

　　毫无预警地，我接到调离宏仁中学的命令。

　　接到通知的十天前，才欢天喜地地庆祝塑胶跑道完工。我邀请社区人士、退休教师、家长以及地方民意代表等，一起携手走上新跑道。蓝天绿地映衬着红色的跑道，真的是美极了。

　　但没想到十天后，我便接到了淑珍督学的通知。她通知我时已是县政府发送完新闻稿后了。

　　没有征询，没有迹象，这突如其来的通知，让大家措手不及。那一年暑假，我已与宏仁的同事，接受上海某所学校的邀约，准备8月4日前去参观并洽谈是否缔结姊妹校事宜；那一年，我们正规划宏仁要走国际教育的方向；那一年……

　　宏仁大家庭的老师、孩子、家长不能接受我要离去的事实，明知再三抗议，都无法让县政府收回已发布的命令，但家长为我被调走的事，仍一波又一波地抗议。当时几乎每天都有毕业的孩子听到消息回来看我，我总忍不住在他们一声声"校长妈妈，你可以不要走吗？""Vu Vu，为什么你一定要走？"中落泪。

---

① Vu Vu，意为妈妈。

三天里，我急遽消瘦三公斤。

一天，科长打电话问我知道家长要到县政府丢鸡蛋的事吗，我回说不知道。他要我先处理，不要弄得很难看。

我忍不住回他："又不是我要调走的。你们把我调走，却要我自己处理、善后。"

那一天，县长秘书要我了解县长调我回去的好意。我说了气话："我又不想要离开宏仁。"

在县长接待贵宾的办公室，家长个个气呼呼地陈述：宏仁中学好不容易有成绩，并爬到山腰了，把李校长调走，让宏仁怎么办……

我看长官不说话，只好起来打圆场："县长是个好人，他看到我一个女孩子每天开车来回一百多公里，早出晚归的，所以他好意想到了我，要让我离家近一点，我们真的不该怪他的。我是公务人员，遵守上级的调动本是天职。我很谢谢大家爱护我，与我一起打拼，才缔造了宏仁的今天。记得吗？六年前，我初派到宏仁，你们心里很不舒服，心想宏仁好歹也是个大学校，怎么派一个初任校长？六年前的质疑，六年后的不舍，现在是否可以不要再重演质疑的戏码，能接纳、信任新来的校长？我确信以宏仁现在的完备体制，及家长的热情支持，任何校长都能把宏仁带得有声有色的。"

说完后，家长会会长尤东河说了话："县长，你很聪明。你不说话，叫我们校长说话。我们能讲什么，只能含泪接受了。"

　　于是，我离开了宏仁，离开了我一手打造的大家庭，离开了我的家人、我的宝贝。

　　后来路人甲、路人乙开始八卦，胡说我请托多人才调回，又胡说我高调运作家长抗议的戏码，说我欺骗宏仁家长的情感……这些我不认识的、没深交的人，编派非事实的八卦，我不想理会他们。因为我知道：他们永远说不了的是，我在宏仁努力的历程；说不了的是，我们大家庭成员走过泥淖后的情感；说不了的是，一个校长妈妈、一个Vu Vu守护孩子的爱与关怀。

　　"早安，校长妈妈。"

　　"早安，阿母。"

　　"早安，Vu Vu。"

　　离开了我的宏仁大家庭，听不到每天一早宏仁宝贝的亲切问候，但回到以前服务的中学，我仍是校长妈妈。我仍然把学校经营得像家庭，每天早上，也依然在"校长妈妈，早"的问候声中，展开快乐的一天。

　　"早安，校长妈妈。"

　　"早安，我的宝贝。"

图书在版编目（CIP）数据

师道／李枝桃著. —北京：中国人民大学
出版社，2018.9
ISBN 978 – 7 – 300 – 26006 – 8

Ⅰ.① 师… Ⅱ.① 李… Ⅲ.① 中学—学校
管理—台湾—通俗读物 Ⅳ.① G637 – 49

中国版本图书馆CIP数据核字（2018）第158478号

著作权合同登记号
图字：01-2018-6231号

师道

李枝桃　著

Shidao

出版发行	中国人民大学出版社		
社　　址	北京中关村大街31号	**邮政编码**	100080
电　　话	010 – 62511242（总编室）	010 – 62511770（质管部）	
	010 – 82501766（邮购部）	010 – 62514148（门市部）	
	010 – 62515195（发行公司）	010 – 62515275（盗版举报）	
网　　址	http://www.crup.com.cn		
	http://www.ttrnet.com（人大教研网）		
经　　销	新华书店		
印　　刷	北京东君印刷有限公司		
规　　格	168 mm × 239 mm　16 开本	**版　　次**	2018 年 9 月第 1 版
印　　张	12.25　插页　1	**印　　次**	2018 年 9 月第 1 次印刷
字　　数	175 000	**定　　价**	49.80 元

版权所有　　侵权必究　　印装差错　　负责调换